陈效镛 著

大顛覆

南方日报出版社
NANFANG DAILY PRESS
中国·广州

图书在版编目（CIP）数据

大颠覆 / 陈效镛著. - 广州：南方日报出版社，2015．7
ISBN 978 - 7 - 5491 - 1254 - 8
Ⅰ. ①大… Ⅱ. ①陈… Ⅲ. ①产业经济 - 转型经济 - 研究 - 中国 Ⅳ. ①F121.3
中国版本图书馆CIP数据核字（2015）第099668号

DA DIANFU
大颠覆

作　　者：陈效镛
出 版 人：周洪威
责任编辑：刘志一　郑　颖
特约编辑：刘剑英
责任技编：王　兰
装帧设计：王代超
责任校对：阮昌汉
出版发行：南方日报出版社
地　　址：广州市广州大道中 289 号
经　　销：全国新华书店
印　　刷：深圳市彩视印刷有限公司
开　　本：889mm×1194mm 1/16
印　　张：10
字　　数：150 千字
版　　次：2015 年 7 月第 1 版
印　　次：2015 年 7 月第 1 次印刷
定　　价：38.00 元

投稿热线：（020）87373998-8503 读者热线：（020）87373998-8502
网址：http://www.nanfangdaily.com.cn/press http://www.southcn.com/ebook

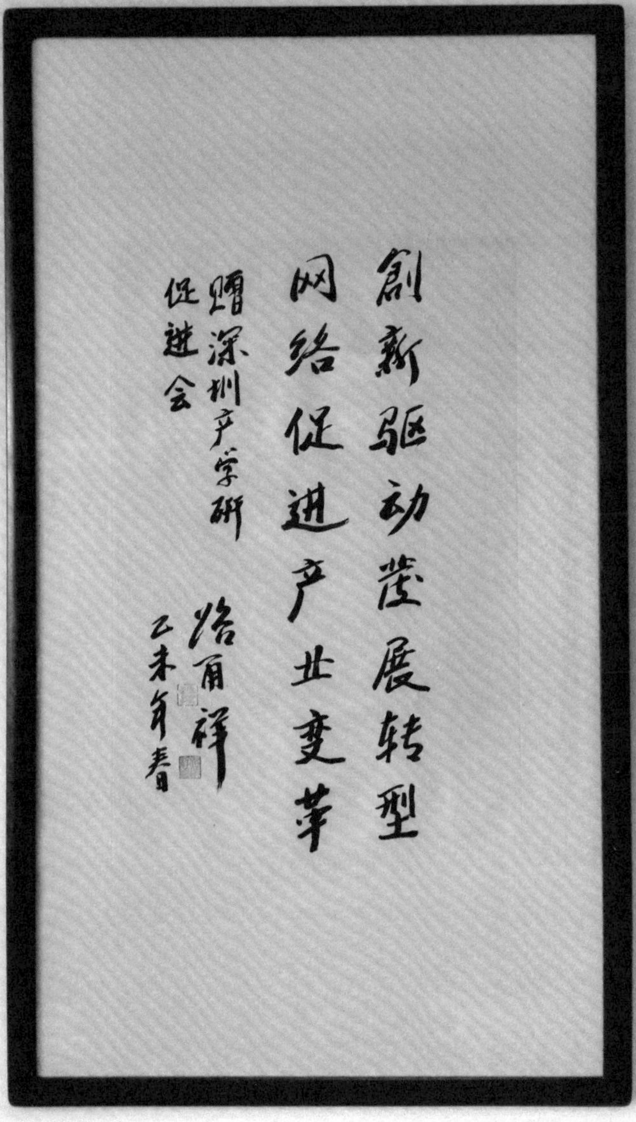

第十一届全国人大常委会副委员长、两院院士、

中国产学研合作促进会会长路甬祥先生为本书亲笔题词

代序：把握产业转型的脉搏

廖军文（深圳产学研合作促进会会长）

互联网新科技打破传统的产业结构，势不可挡。为了让更多的企业适应这种转变，深圳产学研合作促进会特别推出了财经专栏脱口秀《镛记说·财势大颠覆》，连续播放15天，每天一个主题，从各个不同的角度对产业转型进行深入分析，节目风格亦庄亦谐，受到各界欢迎，反映很好。现在又推出了《大颠覆》，介绍互联网科技转型见诸于文字，以期让更多企业认识到局面之严峻，尽快适应步入互联网快车道。本书及其视频作品的推出，体现了深圳产学研合作促进会的宗旨和使命。第十一届全国人大常委会副委员长、两院院士、中国产学研合作促进会会长路甬祥先生也为此书欣然亲笔题字，给予肯定。

深圳是改革开放的窗口。在每次改革的浪潮中，深圳人一直是排头兵。35年来的科技进步使深圳已成为科技名城，企业成为了科技进步的主体。深圳90%以上的研发机构设立在企业，90%以上的研发人员集中在企业，90%以上的研发资金来源于企业，90%以上的发明专利出自于企业。2014年全社会研发投入占GDP比重达到4%，超过600亿元，这一数字已达欧美发达国家水平。在互联网浪潮中，深圳已经涌现了腾讯、迅雷、微众等一大批互联网企业，而像华为、中兴、创维等大型企业也快速地推动互联网技术，深圳又一次在改革浪潮中走在最前面。深圳35年的改革开放，不仅取得了巨大的物质财富，同时也创造了丰厚的精神文明成果，无数反映特区人风貌，把握改革进步脉搏的作品繁花似锦。这本书及其视频作品亦是深圳精神文明成果之一。

本书作者陈效镛是深圳产学研合作促进会的秘书长，20世纪80年代就开始参与深圳的改革开放事业，先后担任过多家国有企业、民营企业的高管，一直工作在企业一线。作者善于学习、思考和总结，研究产业转型的趋势，不断创作出能给大家启发的作品，我们大家都很感谢他！这本书观点鲜明，文字流畅，案例鲜活，值得一读。

互联网科技革命才刚刚开始，我相信，随着互联网科技浪潮的深入发展，会有更多更好的作品涌现。

自序：大时代与大颠覆

这是最好的时代，这是最坏的时代。

早在蒸汽动力时代，狄更斯在他的《双城记》中的感叹，依然是人类面对不断变化的大时代的刻骨名言。

从工业时代到PC时代到互联网时代再到移动互联时代，各种颠覆力量势不可挡，令人眼花缭乱。今天的时代，到底是什么样的时代？屌丝逆袭、白手起家、新手跨界的故事接二连三上演，我们所处的今天，正是一个机会纷纭、跨界打劫、颠覆传统的时代。过去，产品、服务、渠道、客户、商业模式等约定俗成的印象，都被一一颠覆。

有人说，这个世界是60后的，因为他们掌握了绝大多数的财富；有人说，这个世界是70后、80后的，因为他们拥有丰富的经验；有人说，这个世界是90后的，因为他们承载着未来的希望。而真相只有一个，就是世界属于创新者、颠覆者。

和我们生活相关的领域，阿里巴巴、京东商城、当当网颠覆了我们的生活方式，成为潮流英雄，而诸多传统商业庞然大物在极短的时间内被边缘化甚至黯然陨落。在过去10年，我们看到，一个个曾经不可一世的庞然大物，在一次次超越和颠覆中节节败退。除了商业零售，更多颠覆正在发生：百度地图抢了车载导航的饭碗，腾讯微信动了中国移动、电信与联通的奶酪。微信7亿用户还在增加，直接打劫了中国移动、电信和联通的饭碗！余额宝的出台，18天狂收57亿元资金存款，开始抢夺银行的饭碗。

诺基亚消失了，摩托罗拉也卖身了，戴尔转身软件集团，IBM成功转型为生产型服务业公司，爱立信成为了世界第五大软件公司……颠覆时代除了给我们带来震惊还有什么？除了丛林法则的弱肉强食和搅局者概念，颠覆时代还隐藏着无数传统企业发力、蜕变的机会。

微信朋友圈曾流行一篇文章，开篇就是："柯达的葬礼已经快要被人遗忘，摩托罗拉、诺基亚、东芝、索尼都在排队等候档期。国美醒来的速度太慢、太慢，等它睁开眼睛，仓库里，剩下一地的悲伤，京东早已实现明目张胆的打劫。"

颠覆因创新而生，2013年，一款产品创造了人类历史上成长最快的百亿美元企业之一。那是一款手机，它叫小米，它的创始人是雷军。而到 2014 年底，这家企业再次刷新纪录，以创纪录的 450 亿美元估值把许多过去的庞然大物远远抛在了后面。

小米 CEO 雷军说，因为站在趋势的风口上，颠覆者小米将来有可能成为千亿元级企业。百度 CEO 李彦宏认为："未来，每一个产业都可能处于产业变革的风口，传统产业也会因为互联网更先进。"

颠覆因跨界而生，尤其是当产业发生整合的时候，传统行业的格局洗牌会越来越快。世界是平的，今天这个时代，区域与区域之间、行业与行业之间的界限都变成平的，一切都在跨界，一切都在颠覆，很多跨界与颠覆，超出了人们的想象力。

颠覆因"破坏"而生，这个时代，流行一种"破坏性创新"，美国哈佛大学商学院教授、《创新者的窘境》作者克莱顿·克里斯坦森说："这种创新一方面'杀死'行业领袖，另一方面给新企业提供进入行业的机会，我们称之为'破坏性创新'。而'破坏性创新'总的来说，让复杂而昂贵的产品变得更便宜、使用门槛更低，让更多的人可以使用它。"

过去我们害怕对手的强大，现在我们更恐惧的是不知道对手在哪里。领先者常常说拿着望远镜也找不到对手，而现在更可怕的是你拿着显微镜也找不到对手。互联网以及移动互联网时代最严重的问题不是对手比你强，而是你根本连谁是对手都不知道！新的更强大的对手已经用互联网思维在布局跨界打劫你的市场，但你却浑然不知！等你醒悟过来的时候，已经来不及了……

时代在变，技术的更新推动着人类文明的发展。过去 20 年，互联网可以说是改变社会、商业最重要的技术及应用。从近代史角度来看，也许只有电的发明及应用可以与之媲美。

现在是后 PC 时代、后网络时代和移动互联网时代，不出 10 年，我们又进入后摩尔时代、云计算时代。软硬件一体化、影视网站 IM 化、电商服务 O2O 化、金融服务互联网化、ICT 战略生态化、企业创新思维开放化、商业模式注重后向化、企业专利博弈被强化、跨界融合竞争白热化、颠覆性技术重构产业格局等等这些变化正在发生。

今天这些技术名称，IP、4G、大数据、云计算，在未来 20 年将会像电、汽车、抗菌素等工业革命重大发明一样，不仅作为工具，而且成为塑造企业、社会、国家最重要的力量。数据重构商业，流量改写未来，旧思想渐渐消失，逐渐变成数据代码，大数据时代，云计算的发展，一切都在经历一个推倒重来的过程。

今天，创新者以前所未有的迅猛，从一个领域进入另一个领域。门缝正在裂开，边界正在打开，传统的广告业、运输业、零售业、酒店业、服务业、医疗卫生等等，都可能被逐一击破。更便利、更关联、更全面的商业系统，正在逐一形成，世界开始先分后合，分的，是那些大佬的家业；合的，是新的商业模式。

互联网发展永远有新的业态出现，靠资源垄断的行业将受到冲击。今天的时代，规模已经过时，平台才能赢得持久竞争力和市场空间。在全球最大的100 家公司中，有 60 家企业的大部分收入均来自平台商务，包括苹果、思科、Google、微软等。在互联网经济时代，通过技术建立的平台，已经是最佳的商业模式。

未来，是颠覆和跨界的时代，所有大企业的地盘都可能遭遇打劫，一旦改变发生，来不及变革的企业，必定遭遇前所未有的劫数。无论是哪一家公司，如果不能够深刻地意识到金钱正随着消费体验的改变而改变流向，那么，无论过去他们有多成功，未来，都只能够苟延残喘，直到被尘土掩埋。

变变变。社会在变，企业要变，我们的思想要变，我们的观念要变，我们的心态要变。互联网产业带来的大转型，既是机遇也是挑战。抓住机遇了，变了，这最好的时代便已经掌握在我们的手中！

那么，颠覆的世界，你准备好了吗？

目录

代序：把握产业转型的脉搏

在互联网浪潮中，深圳已经涌现了腾讯、迅雷、微众等一大批互联网企业，而像华为、中兴、创维等大型企业也快速地推动互联网技术，深圳又一次在改革浪潮中走在最前面。深圳35年的改革开放，不仅取得了巨大的物质财富，同时也创造了丰厚的精神文明成果，无数反映特区人风貌，把握改革进步脉搏的作品繁花似锦。这本书及其视频作品亦是深圳精神文明成果之一。

自序：大时代与大颠覆

这是最好的时代，这是最坏的时代。

早在蒸汽动力时代，狄更斯在他的《双城记》中的感叹，依然是人类面对不断变化的大时代的刻骨名言。

从工业时代到PC时代到互联网时代再到移动互联时代，各种颠覆力量势不可挡，令人眼花缭乱。今天的时代，到底是什么样的时代？屌丝逆袭、白手起家、新手跨界的故事接二连三上演，我们所处的今天，正是一个机会纷纭、跨界打劫、颠覆传统的时代。过去，产品、服务、渠道、客户、商业模式等约定俗成的印象，都被一一颠覆。

第一章　势

势者，因利而制权也；

取势，审时度势，因势利导，顺势而为；

善战者，求之于势，不责于人。

■ 产业革命

这是一个什么样的时代？正如英国大文豪查尔斯·狄更斯在《双城记》的卷首语所说：这是最好的时代，这是最坏的时代；这是智慧的时代，这是愚蠢的时代；这是信仰的时期，这是怀疑的时期；这是光明的季节，这是黑暗的季节；这是希望之春，这是失望之冬；人们面前有着各样事物，人们面前一无所有；人们正在直登天堂，人们正在直下地狱。如果跟得上，就是最好的时代；如果跟不上，就是最坏的时代。

■ 工业 4.0

英国西北部的一座滨海小城，它的名字叫格里诺克，1736 年，工业革命之父、万能蒸汽机的发明者——詹姆斯·瓦特就出生在这里。1773 年，一个叫马修·博尔顿的工厂主挽留住了想要前往俄国的瓦特。他没有意识到的是，他这样的一个举动改变了英国，也改变了世界。1776 年 3 月，瓦特制作的第一台实用性蒸汽机，在英国波罗姆菲尔德煤矿点火，照亮了人类生活的一个新时代，成全了瓦特的大英帝国由此在全球殖民时代称霸两百年。

■ 指尖掘金

微博上有一句调侃的段子，说的是："大家的每一天都是以打开手机开始的，以关闭手机结束的。"

人类历史经历了从农业时代、工业时代、信息时代到移动互联网时代的递进。农业时代改变了生产关系，人们摆脱了对狩猎的依赖。工业时代则是对能量资源的大肆开发和利用。工业时代后期我们进入了电气时代，而计算机的发明使我们进入了信息时代。这时表现为信息量、信息传播、信息处理的速度等都呈几何倍增，乃至形成信息爆炸。而移动互联网时代则完成了最后一步，让人与信息相连。正是这种连接，改变和颠覆了一切。

■ 数据入侵

一路走来，人类从原始时代、农业时代、工业时代到信息时代，直至我们现在已经跨入的新时代：大数据时代！一个人类被数据淹没的时代，一个生活、工作和思维被数据所左右着的大变革时代。John Naisbitt 在他的成名作《大趋势》

中曾提到："人类正被信息淹没，却饥渴于知识。"

■ 风起云涌

这是一个风起"云"涌的时代。科技浪潮席卷全球，信息技术改朝换代，网络步伐快如闪电，云计算接踵而至。

云计算开启了新一轮 IT 历史进程。在 PC 时代，以摩尔定律、Wintel 架构为主导的硬件产业、传统软件产业的商业模式，企业 IT 架构，普通人的生活，都会因"云计算"的到来和发展而发生改变。

■ 未来已来

今天，我们所面对的世界已经和过去截然不同。

我们正处在一个全球骤变的时代，所有的变化都在加速裂变，以至于我们思考的速度远赶不及事物的发展。

第二章　局

变局，破局；

观大势，识大局。

■ 变局时代

没有什么比变化更让人心焦。

快速迭代，用户参与；基于海量数据分析进行决策；病毒式营销，星火燎原；小而美，少即是多；免费策略，平台战争；粉丝经济，草根品牌；激发用户创造、自组织构筑网络生态等等。一种叫"互联网思维"的、全新的东西改变了我们的许多存在。

■ 重新洗牌

一场不曾有过的颠覆之战正在逼近，一股新兴商业力量正在攻城略地，一批传统行业——零售业、批发业、制造业、广告业、新闻业、通信业、物流业、旅游业、餐饮业、金融业、保险业、医疗业、教育行业、电视节目行业、电影行业、出版业等，腥风血雨就要来临，一个都逃不了。

■ 跨界打劫

柯达的葬礼已经快要被人遗忘，摩托罗拉、诺基亚、东芝、索尼都在排队等候档期。

微信上流传一个段子“跨界竞争的奥妙启示”，第一段是：最近听到最震撼的一句话是，移动说，搞了这么多年，今年才发现，原来腾讯才是我们的竞争对手。

■ 创客崛起

曾经大家以为IBM是王者，后来微软让IBM边缘化了；到今天，曾经不可一世的微软也终于“软”了，不再是绝对的王者。

早在PC时代，微软的崛起和垄断霸局让人们相信，属于硬件的时代已经远去，未来的王者一定属于软件。直到智能互联时代，人们突然发现，风水轮流转，属于硬件的时代又到来了，只是这次它披了一件“智能”的外套。

■ 资本新局

纽约，这个坐落于美国东海岸的国际大都会，一直是世界上最重要的商业和金融中心，华尔街位于纽约曼哈顿区的南端，这条只有500米长的街道是美国资本市场和经济实力的象征，它影响和牵动着全球资本市场和全球经济。

资本的话题，在近几个世纪一直都是经济发展过程中一个核心话题。

在中国，资本对于诸多发展中的企业而言，是一个全新的困局。

■ 文化新天

物质总会枯竭，唯有文化生生不息。

我们一直在感叹，为什么中国出不了Google，出不了Facebook，但是很少人去想Google和Facebook背后的文化力量。

第三章　道

道可道，非常道。

■ 颠覆时代

罗马帝国的崛起是通过在布匿战争中打败原有的霸主迦太基而完成的，英特尔的崛起是靠击败老牌半导体公司摩托罗拉而实现的。

在我们熟悉的周围，一个时代有一个时代的王者，而上一个时代的王者在辉煌之后又总是以令人唏嘘的姿态被后来者颠覆。比如，曾经的王者诺基亚、摩托罗拉、微软……

■ 自我颠覆

周鸿祎用 360 免费杀毒颠覆了行业，也使自己的用户突破了 4 亿。

腾讯用微信颠覆了 QQ，为自己拿到了一张移动互联网时代的船票。

这是曾经和正在发生的颠覆。

■ 自造危机

孟子云“生于忧患，死于安乐”。

马丁·科尔在《最伟大的力量》一书中说：“每个人都拥有一种伟大而令人惊叹的力量。只是有的人善于挖掘和发挥这种力量，而有的人一辈子也挖掘不出。”

■ 管理新篇

杰克·韦尔奇（Jack Welch）被誉为“最受尊敬的 CEO”“全球第一 CEO”“美国当代最成功最伟大的企业家”。但杰克·韦尔奇的辉煌定格在 1997 年之前。

1997 年之后乔布斯回归苹果，至今想来，他在那一年说的两句话和做的一件事，推动了这个星球进入移动互联网时代及影响了后来的各种思维、思潮和管理方法。

■ 快人一步

“天下武功，唯快不破”，在小米董事长雷军的眼中，互联网时代的创业圈就是一个武林高手层出不穷的江湖。一个创业者要想使自己的企业脱颖而出，招数不被破解，就只有比别人快一拍。

■ 机制创新

这是一个创新的时代，故步自封，就意味着衰败。

在过去，许多恐龙级的巨头和恐龙一样消亡，正是因为缺乏应对变化的创新。

第四章　法

人法地，地法天，

天法道，道法自然。

■ 模糊决策

黑格尔的《小逻辑》当中有一句话：熟知并非真知。过去成功的东西可能成为一种思维定式，制约你今天向互联网转型。真知是什么？就是真理。但真知不是一个成型的东西，需要你探索。希望我们今天都能够在互联网时代成为探索真知的先驱，成为互联网的赢家。

■ 韧者无敌

鲨鱼因为拥有超强的适应性，在地球上已生存超过一万五千年。

在大自然的漫长进化过程中，鲨鱼这一物种没被淘汰，而且能保持旺盛的生命力，主要是鲨鱼拥有自己的生存理念：弹性、创新、行动、灵敏。这也是鲨鱼的行为准则即核心价值观，这种生存适应性符合事物的运动规律，因为世界上唯一不变的法则就是变化。

■ 粉丝经济

从口碑传播的载体，到品牌成功的基石，再到品牌的主人，“粉丝”成为了这个时代最耀眼的群体。正如玛格丽特所说：不要怀疑一小群有决心的人能改变世界，事实上，也只有他们才能改变世界。

■ “屌丝”逆袭

屌丝，穷、丑、矮、呆、胖……这个中国网络文化兴盛后产生的讽刺用语，开始常用作称呼与“高富帅”相对“矮穷矬”的人。其最显著的特征是穷，房子、车子对于屌丝来说是遥不可及的梦。

在另一个层面，在互联网领域，“屌丝”却是王道。得“屌丝”者得天下几乎已成定律。那些成功的互联网大佬深刻理解屌丝对于互联网产品和服务的价值。

■ 本土思维

2014 年，路透社一篇文章说：当洋品牌将未来增长寄希望于中国这个世界第二大消费品市场时，一批中国零售商却利用绿茶味的牙膏和酸梅汤侵蚀国际对手的市场份额。

中国公司将近 30 年的成长史中，在中国市场的很多行业中，本土的企业家都有过那么一个可以击败或抗衡跨国公司的“关键时刻”。1995 年前后，联想的柳传志就抓住了这个时刻，靠高举民族品牌大旗击败了众多的国际电脑公司；家电领域的海尔张瑞敏、长虹倪润峰也抓住了这个时刻，在一轮又一轮的价格战中战胜了众多的日本及欧美家电公司；在 2000 年前后的饮料食品行业，娃哈哈宗庆后则靠城乡渠道的创新，取得了让人骄傲的业绩。这样的传奇在互联网时代更是集中。

■ 平台战略

在全球最大的 100 家公司中，有 60 家企业的大部分收入均来自平台商务，包括苹果、思科、Google、微软等。在互联网经济时代，通过技术建立的平台，已经是最佳的商业模式。

第五章　术

优术，

人主之大物，

非法则术也。

■ 用户思维

“在传统工业社会里，大工厂生产什么，我们就买什么，或者当大媒体发布什么，我们就看什么。而在互联网时代，我们都被赋予了参与生产的工具。”

——克里斯·安德森（美国《连线》杂志高级制作人、《长尾理论》作者）

“所有的生产者和消费者，已经开始融合，你可以很容易地从一个消费者和观众转变为一个生产者，从而成为整个生产体系的一部分。”

——伊藤穰一（美国麻省理工学院媒体实验室主管）

■ 体验消费

互联网领域正在进行着百年一遇的量级革命——你是谁已不重要，你的圈子在哪里才重要。如果企业意识不到金钱正随着消费体验的改变而转换流向，那么只能坐以待毙。

运用互联网思维与设计思维设计出有价值感、富有情感与幸福感的产品，才会创造出激动人心的消费者产品体验。

■ 8090

60年代人的精彩还在继续，70年代人刚登场，信息技术迅速迭代，技术与变革带来的各种颠覆就将80后、90后人推上了前台。今天，如果你看不懂80后、90后，你也许就会失去整场游戏。

■ 合纵联盟

产业是一个生态，这个生态的核心是市场化的运行机制和产业要素间的协同。这个庞大的生态体系容纳了人才流、资金量、技术流和信息流，同时，在其中形成了多要素协同、融合，最终实现价值交换的方式。

对企业而言，单打独斗时代已经过去，联盟的时代已经到来。在当今这个国际经济大循环的世界里，“孤胆英雄”的时代已经过去，单个企业的作用在下降，群体的作用在上升。

■ 颠覆者

互联网思维浪潮下，一个个颠覆者诞生，改写了我们过去所熟悉的各种游戏规则。

黄太吉、雕爷、特斯拉、这几个经典案例是如何让人尖叫的?

■ 创新颠覆，你准备好了吗?

美国《连线》杂志高级制作人、《长尾理论》作者克里斯·安德森说：“如果第一场技术革命花了三百年，第二场技术革命花了大概一百年，第三场技术革命或许要花50年，这是思考这个问题的正确方法，这不是技术创新的速度，这是社会适应的速度，社会变革要比技术变革缓慢得多，有时甚至一两代人的时间，才能真正弄清技术革命带来了什么。”

尾声：你好，新文明时代

工业化200年的进步，超越了古代的2000年；计算机科技20年的进步，超越了工业化的200年。不难预料，未来由互联网科技引发的爆炸式的生产方式颠覆般的转型，将引领人类社会生活方式和治理制度的颠覆，人类又将进入一个更文明、更科学、更进步的时代。

第一章　势

势者，因利而制权也；
取势，审时度势，因势利导，顺势而为；
善战者，求之于势，不责于人。

■ 产业革命

这是一个什么样的时代？正如英国大文豪查尔斯·狄更斯在《双城记》的卷首语所说：这是最好的时代，这是最坏的时代；这是智慧的时代，这是愚蠢的时代；这是信仰的时期，这是怀疑的时期；这是光明的季节，这是黑暗的季节；这是希望之春，这是失望之冬；人们面前有着各样事物，人们面前一无所有；人们正在直登天堂，人们正在直下地狱。如果跟得上，就是最好的时代；如果跟不上，就是最坏的时代。

从欧洲蒸汽机动力革命带来的第一次工业革命到今天互联网、信息技术与制造业结合以及由此带来的商业革命与创新，移动互联网革命催生出的生产力变革，推动着整个世界一日千里的发展，企业的竞争开始变成了真正的持久战。究竟是华丽转身，还是跌入谷底，成功和失败之间似乎只有一步之遥！

这就是今天的时代。

2014 年被很多人认为是中国企业的变革元年。

这个躁动不安的时代，天天有人放鞭炮，天天有人关闸门，天天有人开新张，天天有人卷款逃。2014 年，这边厢是互联网公司京东、途牛、聚美优品、阿里巴巴、陌陌排队在美国纳斯达克、纽交所上市，上演着一天暴富的神话。

马云在纽交所上市后，他的净资产达到 286 亿美元，超过了李嘉诚，成了亚洲首富；聚美优品 31 岁的陈欧，成为纽交所两百多年历史上最年轻的上市公司 CEO；先后推出上门签约、收取材料等“牛到家”服务的途牛，成为美股市场上第一家专注在线休闲旅游的中国公司；在微信一家独大的移动社交领域，名不见经传的陌陌，在纳斯达克交易所上市后，大家突然醒悟，原来作为新的移动社交平台，它一直在虎口夺食，注册用户达到了 1.8 亿。这么多互联网企业，可以说红红火火，形势大好。原先苦苦寻觅的高管“屌丝”，成百上千成了富翁，钞票“爆棚”！

另外一端，却是温州、泉州等地传统制造业老板扎堆跑路。前一阵，朋友圈流传几个名单，一个是跑路老板名单，一个是失联老板名单，一个是跳楼老板名单。风声鹤唳，走投无路。

眼花缭乱的变局之中，到底该如何变？社会发展大局如何转型？习近平总书记的“三个转变”重要论述，为中国企业指明了方向。2014年5月，习总书记在河南考察时强调，要推动中国制造向中国创造转变、中国速度向中国质量转变、中国产品向中国品牌转变。“三个转变”从站位的高度、内涵的厚度、拓展的维度，给出了全方位、立体式的启迪和答案。中国将不再是用消费品充斥世界的世界工厂，而是开始为自己而活，为自己生产产品。

世人对“中国制造”一词绝不陌生，很多产品，后面都会印着“Made in China”字样，进而使国人产生“质量低劣”联想。有人曾开玩笑说，不远千里跑到国外买回来的东西竟然是中国制造。从中国制造到中国创造，这一字之差，差的是核心技术，少的是自主品牌，缺的是创造力。

2014年9月，位于纽约第五大道的苹果旗舰店正式发售iPhone 6和iPhone 6 Plus。此次首发与中国无缘，所以很多华人都在纽约排队买苹果，连排队号都卖到了100美元。因为丰厚的差价空间，很多在纽约打工的华人都聚集到苹果店排队倒卖苹果手机。其实，苹果产品与中国有着非常亲密的关系，“高大上”的iPhone 6八成以上产自富士康，而iPhone 6 Plus更是全部交由富士康生产。只可惜，富士康只是“代工”而已。93吨iPhone 6由郑州发往芝加哥，再由苹果公司在纽约出售，这一来一回巨大的利润都被苹果公司赚取了，而代工生产的利润极为微薄，其在整个苹果产业链上仅有2%的利润。

“中国制造”30年风雨兼程，确实为中国经济的高速发展立下了汗马功劳。然而，随着中国人工成本、土地成本、原材料成本、财务成本的日益上升，过去低成本、薄利润、高消耗、高污染的发展模式已难以为继，甚至连代工的竞争力都在不断弱化，结构升级和转型是中国制造面临的必然选择。

历史是一面镜子，回望历史，当我们翻阅任何一本世界科学技术史著作时，都会发现一个现象：越往早期看，越会看到北非埃及、中东地区和亚洲中国的成果，而越往后期看，越会看到欧洲和北美洲科学家的名字。在几千年世界历史中，这种“角色转换”经历了几个过程，而每个过程都伴随着科学技术和社会文明的进步。宋、明朝以后，中国已经鲜有在世界科学技术上贡献成果，1950年以后才偶尔发现中国的成果，如1965年人工合成牛胰岛素，1973年袁隆平成功研发水稻杂交技术。这一断代，恰恰是中国错失世界经济现代化三百年历史的三次机遇。

在世界经济现代化的三百年里，中国丧失了三次经济现代化的良好机遇。第一次是1793年错失第一次工业革命扩散的机遇。英国工业革命发生在1763年前后，1825年英国议会解除机械出口限制，工业革命向欧洲大陆扩散。1793年，也就是工业革命开始后的第30年，英国国王乔治派使者访华，请求建立外交关系。当时的清朝皇帝乾隆，拒绝与英国建立外交关系，使中国工业化的起步晚了约70年。第二次是1842－1860年错失第二次工业革命起步的机遇。1842年鸦片战争失败后，清朝没有及时调整经济政策，反而用幻想来欺骗自己，拒绝去认识外面的世界，拒绝改变旧制。当时的欧洲，第二次工业革命正在酝酿之中。1870－1913年以电气化为主要特征的第二次工业革命，彻底改变了世界的经济格局。美国、德国和意大利等国家抓住机遇并获得成功。尽管1860－1894年的洋务运动是中国工业化的起步，但这种工业化是被迫的和被动的。第三次是1957－1976年错失第三次产业革命技术转移的机遇。第二次世界大战结束后，西方进入经济发展的“黄金时代”，发生了以自动化为主要特征的第三次工业革命，发达国家向发展中国家转移工业技术，韩国等国家和地区成为新兴工业化国家和地区。中国则接连发生政治运动，失去接受工业转移的机遇。今天，我们再次走到机遇的关口。

中国要抓住第三次变革机遇，跟上这次产业革命的步伐，再造传统行业的生产力，从工业大国转变成产业强国，引领第三次产业革命。企业要突破最前沿的技术，要有自己核心的技术能力及创新能力，还要研究出具有颠覆性的全新商业模式。抓住技术轨道的变化机会点，加上中国巨大的市场空间、地理环境及自然资源，使自己以工业发展后来者的角色，由追赶变成反超。

2012年中国超越美国成为全球最大的制造业大国。中国制造业出口占世界制造业出口的比重从1990年的0.8%上升到2009年的13.5%。中国制造业以高性价比在全球市场中获得了很强的竞争力，但传统的经济发展动力正在衰竭，目前面临着转型升级的挑战。

产业革命时代，中国要改变受支配的地位和命运，就必须因时、因势而变。

在过去，中国制造业的发展动力是要素投入和投资驱动，具体来说是经济规模、资源投入、低成本、投资和全球化。但在新的背景下，制造业的发展是创新驱动，具体来说，是绿色产品、商业模式创新、价值网络整合、客户定制化、敏捷制造和制造业服务化。2012 年路透社的数据显示，中国的 GDP 增速全球第一，GDP 总量世界第二，世界 500 强企业的数量世界第二，但没有一家企业进入创新 100 强。

对中国企业来说，中国制造业的创新驱动可以有几种模式，即“二次创新”、制造业服务化、商业生态系统创新和二次商业模式创新。如何从二次创新发展到原始创新是中国制造的主要挑战；在技术跨越中的范式转移对中国制造业来说既是机遇也是挑战，特别是对于快速发展的新兴技术，以及传统产业面临互联网的竞争时更是如此；以电子商务平台为基础的商业模式创新无论是对制造业龙头企业还是微型企业，都是建立新型生态系统的机会。

在变化、革新的时代，最好的办法就是行动！与社会转型同频共振，与时代潮流同向发力。跟得上，用得好，与技术同行，这最好的时代便已掌握在你的手中。

■ 工业 4.0

英国西北部的一座滨海小城，它的名字叫格里诺克，1736 年，工业革命之父、万能蒸汽机的发明者——詹姆斯·瓦特就出生在这里。1773 年，一个叫马修·博尔顿的工厂主挽留住了想要前往俄国的瓦特。他没有意识到的是，他这样的一个举动改变了英国，也改变了世界。1776 年 3 月，瓦特制作的第一台实用性蒸汽机，在英国波罗姆菲尔德煤矿点火，照亮了人类生活的一个新时代，成全了瓦特的大英帝国由此在全球殖民时代称霸两百年。

伴随蒸汽机的发明和改进，工厂不再依河或溪流而建，很多以前依赖人力与手工完成的工作自蒸汽机发明后被机械化生产取代。人类社会由此走向了崭新的"蒸汽时代"。这也正是人类历史上的第一次工业革命。

在此之后，又先后有电气时代、信息时代带来了第二次、第三次工业革命。即将到来的第四次工业革命则继续由欧洲开启－－来自制造强国的德国工业 4.0 启航。

发展经济的第一要务就是找到新技术，它促使我们生产产品和服务时边际成本不断降低。过去所有的工业革命都如此。里夫金在《零边际成本社会》里描述：就像今天一样，你们手机上很多歌是你们自己创作的，编辑出来的照片和搞笑图片都是你们自己做的，新闻段子也是你们自己写的，而它几乎也都是免费和零边际成本的，以后在物质生产领域也会出现类似的经历。

工业 1.0 工业革命的结果是机械生产代替了手工劳动，经济社会从以农业、手工业为基础转型到了以工业和机械制造带动经济发展的模式。

工业 2.0 通过零部件生产与产品装配的成功分离，开创了产品批量生产的新模式。

工业 3.0 机器能够逐步替代人类作业，不仅接管了相当比例的"体力劳动"，还接管了一些"脑力劳动"。

到今天，德国学术界和产业界一致认为，未来 10 年，基于信息物理系统（Cyber – Physical – System，CPS）的智能化，将使人类步入以智能制造为主导的第四次工业革命。产品全生命周期和全制造流程的数字化以及基于信息通信技术的模块集成，将形成一个高度灵活、个性化、数字化的产品与服务的生产模式。

工业 4.0 从德国启航并非没有缘由。德国人的严谨和务实是出了名的。我有一个朋友，女婿是德国人，他家房子大，一家人习惯了从饭厅穿过客厅到厨房。而德国女婿却另辟蹊径，从另一条走廊到厨房。这位德国女婿解释说，经计算，这样至少近了两米。

还有一件事，我任职同安药业的时候，和一个德国专家约好了，上午十点钟会面。九点五十分，我无意中从办公室往楼下一看，这位德国专家正在林荫道上来回踱步。十点整时钟一响，门铃同时响了。打开门，德国专家站在门前。

这样的例子在德国人的生活中很平常。渗透到实业中，无论百年前的教堂大钟、酿酒设备、地下排水系统、建筑与家具，还是今天的奔驰、宝马、双立人刀具，“德国制造”具备了如下四个基本特征：可靠、安全、精密、实用。在青岛，德国人一百年前建造的排水系统至今还好用，不但使青岛市从来没遇到过 300 年、500 年一遇的特大雨水，而且，修理管道的配件至今仍用油布封存好，也算是我们受惠于德国人处事严谨的例证吧。

面对互联网排山倒海来临，看到互联网的种种魔力，德国人没有简单的拿来主义，不是生搬硬套，不是蜻蜓点水，而是将互联网和自己的制造业有机融合起来，创造性地提出了“工业 4.0”。

“工业 4.0”究竟是什么？简单地说就是智能化，这是个比移动互联网更加牛逼的东西。

在德国，你很少感受到他们对互联网的狂热，这一点跟美国企业完全不同。但是，这并不是说，德国人排斥互联网，恰恰相反，就是在这个看似淡漠互联网的国家，切切实实让互联网通过智能化进入家庭。

比如，在德国就利用智能化设备实现了不间断的供电。再比如，如今的工业生产是人操作机器，今后机器会装上智能设备，产品、仓库等等与生产相关的整个链条，都会嵌入智能化设备，通过云技术把所有资源连接起来，生成大数据，在人与物之间形成互动，自动修正生产中出现的问题。在德国，已经有大企业开始这么做了。比如西门子公司，已经将这一概念引入他们的工业软件开发和生产控制系统。

工业 4.0 将使得工业生产过程更加灵活、坚强。这将使得动态的、适时优化的和自我组织的价值链成为现实，并带来诸如成本、可利用性和资源消耗等不同标准的最优化选择，包括在制造领域的所有因素和资源间形成全新的循环网络、智能产品独特的可识别性、个性化产品定制以及高度灵活的工作环境等。

“工业 4.0”为我们展现了一幅全新的工业蓝图：在一个“智能、网络化的世界”里，物联网和务联网（服务互联网技术）将渗透到所有的关键领域，创造新价值的过程逐步发生改变，产业链分工将重组，传统的行业界限将消失，并会产生各种新的活动领域和合作形式。

工业 4.0 将发展出全新的商业模式和合作模式。这些模式将力争确保潜在的商业利润在整个价值链所有利益相关人之间公平地共享，包括那些新进入的利益相关人。同时，工业 4.0“网络化制造”“自我组织适应性强的物流”和“集成客户的制造工程”等特征，也使得它追求新的商业模式以率先满足动态的商业网络而非单个公司，这将引发一系列诸如融资、发展、可靠性、风险、责任、知识产权以及技术安全等问题。

工业 4.0 将带来工作方式和环境的全新变化。全新的协作工作方式使得工作可以脱离工厂，通过虚拟的、移动的方式开展。员工将拥有高度的自主管理权，可以更加积极地投入和调节自己的工作。同时，随着工作环境和工作方式的巨大改变，可以大幅度提升老年人和妇女的就业比例，确保人口结构的变化不会影响当前的生活水平。

工业 4.0 将促进形成全新的信息物理系统平台。全新的信息物理系统平台能够联系到所有参与的人员、物体和系统，将提供全面、快捷、安全可靠的服务和应用业务流程，支持移动终端设备和业务网络中的协同制造、服务、分析和预测流程等。

未来 10 年，第四次工业革命将步入“分散化”生产的新时代。作为未来第四次工业革命的代表，工业 4.0 不断向实现物体、数据以及服务等无缝连接的互联网（物联网、数据网和服务互联网）的方向发展。

在过去几 10 年中，中国是全球最大的制造业流入国之一。在中国大地上，目前正在同时经历着从工业 1.0 到工业 2.0 和从工业 2.0 到工业 3.0 的跃迁进程中。但当发达国家开始向工业 4.0 推进的时候，中国的上述进程或将面临挑战。

2014 年 10 月，中德双方在第三轮中德政府磋商后，发表了《中德合作行动纲要：共塑创新》。“工业 4.0”，这个新鲜的名词出现在了《纲要》中。

李克强总理在这个时候提到工业 4.0 合作，意味着我国要在工业化与信息化同步发展的战略中更快地促进两者的融合。正如中国工程院原副院长、院士邬贺铨所说：“发达国家是先工业化后信息化，而我国则是工业化与信息化同步发展。这些年互联网在我国已经有了非常广泛的应用，但这种应用更多是在消费领域，而不是在产业。工业 4.0 则是要求互联网新技术向产业渗透。”

边界与规矩，是市场经济能否得以妥帖运行的关键要素，这一次合作，当真值得点赞的正是这种从器物之交上升为机制之交的大国姿态。某种意义上，在这一轮的中德政府磋商中，由这份“工业 4.0”合作中透露出的中国经济打造升级版的决心与勇气，丝毫不亚于总额达到 181 亿美元的中德合作大单。

工业 4.0 背景下，中国企业何去何从?

工业 4.0 的大幕徐徐开启，全球工业制造都正向智能制造转型，仍然徘徊在价值链底端的中国企业如何快速转型、如何把握产业链上稍纵即逝的新机遇、如何避免出局？中国企业亟待思考如何把握产业物联网带来的机遇，拓展“产品 + 服务”型的混合商业模式，从而在新一轮的制造业革命中赢得竞争力。这是一个值得深究的问题。

对被许多人称作“世界工厂”的中国而言，在当前中国经济发展面临产业升级与转型的大背景下，不断引进专业技术，鼓励科技创新，对于提高制造业产业附加值、提升经济发展品质，也有着重要的推动作用。与德国在“工业 4.0”战略下的合作将为中国引进更多高精尖技术，大大提升制造水平，帮助中国制造业早日贴近国际标准，并将给中国科技企业带来众多诸如互联网、物联网、云计算、大数据领域的发展机遇。

中国的“首富园丁”、一手缔造了潘石屹和史玉柱的财富传奇的背后大佬－－德意志银行亚太投行部主席蔡洪平，有一篇刷爆朋友圈的文章《4.0 工业革命，全世界不带中国玩》。文章从宏观视角分享了未来制造业的升级。蔡洪平在文章中很尖锐地提到：“为什么美国发明了网络，却没有阿里巴巴，只有亚马逊？亚马逊当时的 IP 是我们做的，如果中国的互联网全部都冲着零售消费，买便宜货、求方便等，我的观点，这样下去我们民族一定会完蛋。”文章深刻剖析了制造业才是我们的根本，一定要跟上 4.0 的工业革命！

蔡洪平话音未落，一场阿里巴巴与工商总局的 PK 大战看得大家眼花缭乱。

2015年1月23日，国家工商总局发布《2014年下半年网络交易商品定向监测结果》。报告显示，2014年8月至10月，国家工商总局网监司委托中国消费者协会开展网络交易商品定向监测，共完成92个批次的样品采集，其中，淘宝网样本51个，正品率为37.25%。

1月27日下午，一位80后淘宝网运营小二发出公开信，直接就这份报告所存在的程序性问题点名该司司长刘红亮，认为这份报告不仅抽样太少、逻辑混乱，还存在程序违规问题，并直言“避免黑哨对市场无比重要”。该小二表示:“我们接受神一样的存在，但我们看不懂的是，屡次抽检和报告中，不同的标准和神一样的逻辑”“恳请刘司长‘进驻淘宝’”“大刀阔斧来淘宝打假”。

1月28日上午，国家工商总局披露了2014年《关于对阿里巴巴集团进行行政指导工作情况的白皮书》。《白皮书》指出阿里系网络交易平台存在主体准入把关不严、对商品信息审查不力、销售行为管理混乱、信用评价存有缺陷、内部工作人员管控不严等5大突出问题，并对阿里巴巴集团提出相关工作要求。

与工商总局的口水战刚结束，阿里巴巴便再度面临5家美国律所发动的集体诉讼调查。Robbins Geller Rudman & Dowd LLP律所向纽约南区法院提起对阿里及高管团队马云、蔡崇信、陆兆禧和武卫4人的集体诉讼。诉讼指控，阿里巴巴未披露2014年7月公司高管与中国工商管理总局会面的情况，违反《1934年证券法》。2014年9月阿里巴巴在美国上市，在IPO时该公司及其2位联合创始人以68美元/股出售了超过3.68亿股美国存托股。诉讼指控，阿里巴巴的营收增长低于预期目标，利润也下降了28%。该公司将业绩不佳归结为移动平台交易增长，而这些平台的广告利润低于PC。诉讼指控，由于这些信息的披露，阿里巴巴股价进一步下跌，导致市值比诉讼前最高点缩水超过110亿美元。目前，阿里巴巴集体诉讼案已经正式立案，全球投资人可以在1月31日开始的60天内向法院登记加入诉讼。

一场由口水大战引发的诉讼大战也许会促使人们思考，我们更需要阿里巴巴还是工业4.0。

中德两国开展“工业4.0”合作，这对于中国企业而言意味着巨大的转型契机。随着劳动力成本的上升，中国企业过度依靠低成本的竞争方式已不再可持续。中国企业正处在经济结构调整、制造业升级的十字路口。面对产业物联网带来的机遇，中国企业固然需要努力跟踪、研发和运用智能硬件与数字化信息系统，但更需要着眼于在新的时代提升“软实力”：博采全球产业众长，打开思路创新商业模式，在努力掌握传统产业核心技术的同时，让新的生产方式与新的服务模式珠联璧合，创造新的市场和新的业绩。

工业 4.0，不仅意味着技术的转变、生产过程的转变，同时也意味着整个管理和组织结构的调整。蓬勃发展的产业物联网技术为企业提供新产品和服务注入了新动力。产业物联网时代，企业可以据此转型为“产品 + 服务”的混合商业模式，通过提供全新的服务进入新市场，获得新的收入来源。具有创新思维的企业已经开始行动起来，不再仅仅满足于产品的生产，而是由销售产品延伸至销售服务，即通过智能的、可联网的产品生成数据，并据此提供数字化服务。

比如，轮胎制造商米其林提供了一项基于产业物联网的全新服务 - - Dubbed Effifuel。该服务为其客户在卡车轮胎和引擎上安装传感器。传感器会将收集到的油耗、胎压、温度、速度和位置等数据传到云服务器上，而米其林的专家会据此进行数据分析，并为客户提供建议及驾驶培训。这项服务帮助其客户每百公里减少油耗达 2.5 升。

颠覆“客户价值”的传统思维。由单纯生产产品向“产品 + 服务”的转变不应只停留在产品的细节改善上，而应是针对客户尚未被满足的需求，或是寻找创新的解决方案解决关键的商业问题。比如，戴姆勒汽车公司正尝试新的途径为客户创造价值，公司针对城市用车一族，推出了一款灵活方便的租车模式 - - Car 2 Go。客户只需在手机应用上查看离他最近的可用车，用会员卡打开车门，驾驶到自己的目的地，靠边停好车就可以了。其计费方式可按里程计，也可按天付，但总费用低于计程车；而相较于传统租车公司，它则省去了客户还车的麻烦。然而在中国，类似的商业模式尚仅限于互联网创业类企业，传统制造业仍待努力。

农业设备巨头约翰迪尔公司联合了陶氏化学以及世界最大的种子公司杜邦先锋，推出“精准农业”解决方案，通过收集和分析来自农户的数据，制作出精确的农业耕种指导方案，帮助农民为种子挑选最佳的种植地、所需的肥料量以及最适宜的种植密度等。

■ 指尖掘金

微博上有一句调侃的段子，说的是："大家的每一天都是以打开手机开始的，以关闭手机结束的。"

人类历史经历了从农业时代、工业时代、信息时代到移动互联网时代的递进。农业时代改变了生产关系，人们摆脱了对狩猎的依赖。工业时代则是对能量资源的大肆开发和利用。工业时代后期我们进入了电气时代，而计算机的发明使我们进入了信息时代。这时表现为信息量、信息传播、信息处理的速度等都呈几何倍增，乃至形成信息爆炸。而移动互联网时代则完成了最后一步，让人与信息相连。正是这种连接，改变和颠覆了一切。

2014 年的马年春节，微信抢红包点燃了除夕夜的激情，移动互联网正在快速地改变着我们的生活。进入 2014 年，移动互联网不仅在细分行业和相关公司快速成长，其意义也已不再局限于 TMT 本身，而正在对传统产业产生更深远普遍的影响和冲击，给资本市场带来了广泛投资机遇。浪潮之下，传统行业如零售、消费、金融、房地产等等，无不被深刻地感染、渗透、影响和发生。

2012 年，手机超越电脑成为第一大上网终端，我国昂首阔步迈入移动互联网时代。移动互联网正以前所未有的深度和广度推动社会发展，以改变与颠覆的力量席卷着当下的经济与生活。从智能手机的普及到社交网络的蓬勃，从大数据概念的兴起到 O2O 模式的流行，几乎每一场信息领域的变革都无法离开移动互联的智能化影响，而那些曾享受垄断优势的传统行业也不得不面临来自移动互联的强大冲击。

无论是电信、金融、传媒、房产、医疗等传统高壁垒行业，还是旅游、租车、餐饮、零售等典型消费经济，细数近年来被移动互联网渗透的诸多领域，无不关乎产业价值链条的重构与行业间的信息跨界融合。在移动互联的趋势下，各行各业都在试图重新理解数字经济的转型，平台战略与分享型经济的新商业思维贯穿其中，为下一个蓝海市场的爆发寻找机遇。

移动互联网是延伸，更快，更远，更细，更广。移动互联网的开放性、交互性、平等性、平民性、创新性、高效性、参与性、娱乐性、传染性特征，带来的是颠覆，商业模式的颠覆，思维方式的颠覆，社会文化的颠覆。移动互联网是我们有幸经历的伟大变革，而我们正身处其中。

在移动互联时代，无论是在繁华的都市、偏远的乡村，各种社交应用把人们的生活更紧密地联系到一起。我们的微笑面孔（视觉）、声音（听觉）、愤怒（情绪）、空间位置信息可以廉价地传递给另一端，并通过社会化的过滤器放大……

面对这种改变，我们要做的就是：适应并投入其中！

当第一艘蒸汽动力的铁壳船在维埃纳河进行试航时，有人恐惧地称之为“魔鬼”，对其付之一炬。面临重大历史变化的当口，难免会有这种迷茫、惊叹、畏缩、抵制的情绪。时至今日，我们身边仍有人视互联网如洪水猛兽，片面强调其可能带来的种种负面影响。问题确实存在，有的可能还挺严重，但正如没有神仙圣人那样，世界上从来也不存在什么尽善尽美的事物。面对这个崭新的时代，任何不主动应变的不作为，都将导致自身的落后，一切忽视互联网发展的想法都将受到历史的惩罚。

1994 年，中国接入互联网，成为互联网世界的第 77 个国家。20 年弹指一挥间，中国现有近 400 万家网站，6 亿多网民；世界 10 强互联网企业，中国有 4 家；搜索、新闻、娱乐、支付、社交各种应用层出不穷。不敢想象，如果当初没有拥抱互联网，我们今天又将处在怎样的时代。

作为互联网升级版本的移动互联网，继承了移动随时随地随身和互联网分享、开放、互动的优势，即运营商提供无线接入，互联网企业提供各种成熟的应用。无线时代是一个新的世界，以 App 为核心的商业活动，不仅改变了创业的平台，也改变了创业周期。在传统互联网时代，18 个月赚不到钱企业就会死亡，而在移动互联时代，创业周期已经缩短至 8 个月。新世界带来了更多的创业机会，而竞争也更加白热化。

移动信息化已经从普及程度提升发展到使用程度加深。移动互联网正在改变我们的生活，同时也改变着我们所处的商业环境。2014 年 3 月，根据 CNN Money 报道和各大咨询机构发布的报告：美国互联网史上首次出现用户个人通过智能手机和平板上的 App 使用互联网时长比例，超过他们通过电脑访问互联网。

作为全球最大的移动通信市场，目前中国网民的规模达到 6.18 亿，全国近50%的人都开始进入互联网时代。其中手机网民的数量呈稳定增长，达到5亿。按照《第33次中国互联网络发展状况统计报告》分析，目前手机网民的规模达到了5亿，年增长率则达到19%，保持着上网第一大终端的地位。同时在网民中，手机上网人数的比例也在一年之内从74.5%提升至81.0%。庞大的移动终端用户群为移动信息化应用奠定了基础。从2G到3G是量变，从3G到4G则是一次质的变化。4G带来的不仅是速度，更是媒体和受众的双重颠覆。移动网民的规模会进一步扩大，群体范围极度扩大，未来的移动互联网消费者会覆盖5－65岁人群。

虽然移动互联网的流量和使用时长，已经实现反超，但是在商业化方面，移动互联网却一直未实现爆发式增长。相信移动互联网对我们的改变，才刚刚开始。在移动互联网的趋势之下，品牌、产品和人会以不同的方式产生互动，而应对这种变化，绝对不是像现在很多企业的做法，把广告简单搬到手机上就可以的。要让移动互联网发挥作用，需要真正为作为用户的消费者提供价值，让应用对用户有用、好用，以及本身应该优雅，符合品牌的气质和调性。有远见的企业，都不会忽视这里的机会。能否搭上移动互联网的快车，也许会成为很多传统企业赛跑中的弯道。无论是快速消费品，还是慢用消费品都要想清楚，我和手机有什么关系，如果没有想清楚，3年之内一定会死掉。

时间倒回到10年前，当我们还在使用绿屏或者蓝屏的手机、数着字数发短信、电话号码存不下还要手写抄录备份的时候，应该都不会想到，10年之后手机会变成什么模样，更不会预料到10年后手机之于生活工作的重要性。

智能手机以及移动互联网应用的普及，不断地改变着人们的生活方式。原先需要电脑才能完成的许多任务，现在在智能手机、平板电脑等个人移动智能终端上就可以完成，如收发邮件、查询天气、搜索地图、浏览网页、观看视频等，而且越来越多的人习惯在手机、平板电脑上使用它们。原先大量闲置的碎片时间被填满。原先被时空距离隔开的人们，现在有了随时随地贴近的可能。人们开始通过手中的智能手机和平板电脑来完成日常生活消费购物的流程。而且生活被改变的，不仅是城市里、年轻的、接受过更多教育的族群，越来越多的父母学会通过微信与孩子交流，甚至在朋友圈分享生活点滴；远在高原之上的牧民，放牧之余，也会边晒着太阳边掏出手机，刷下微博，玩下游戏，或是看看今天又发生了什么大事情。

信息化的普及让我们的生活更加智能、便捷、有效。以前开车的朋友多要配备一本《中国汽车司机地图册》，如今汽车导航以及手机的地图功能，就足以应付不同的地方、未知的路况；商旅人士以前出行前需要做大量的功课，查车船飞机班次、找酒店、找餐厅、找路，爱自助旅行的人们更是常常背着一本厚厚的打印攻略出门，现在一个智能手机或是平板电脑就能够解决所有的问题。

而这所有改变的背后，都为我们提供了无数商业机会和可能。

■ 数据入侵

一路走来，人类从原始时代、农业时代、工业时代到信息时代，直至我们现在已经跨入的新时代：大数据时代！一个人类被数据淹没的时代，一个生活、工作和思维被数据所左右着的大变革时代。John Naisbitt 在他的成名作《大趋势》中曾提到："人类正被信息淹没，却饥渴于知识。"

移动互联网还在火热中，大数据又来了！

随着新的商业模式、行业应用的兴起，数据科学对企业经营和科学研究的影响堪比 web。

什么是大数据？微信朋友圈里曾流行一个非常好的案例：

某比萨店的电话铃响了，客服人员拿起电话。

客服：xxx 比萨店。您好，请问有什么需要我为您服务？

顾客：你好，我想要一份……

客服：先生，烦请先把您的会员卡号告诉我。

顾客：16846146***。

客服：陈先生，您好！您是住在泉州路一号 1205 室，您家电话是 2646****，您公司电话是 4666****，您的手机是 1391234****。请问您想用哪一个电话付费？

顾客：你为什么知道我所有的电话号码？

客服：陈先生，因为我们联机到 CRM 系统。

顾客：我想要一个海鲜比萨……

客服：陈先生，海鲜比萨不适合您。

顾客：为什么？

客服：根据您的医疗记录，你的血压和胆固醇都偏高。

顾客：那你们有什么可以推荐的？

客服：您可以试试我们的低脂健康比萨。

顾客：你怎么知道我会喜欢吃这种的？

客服：您上星期一在中央图书馆借了一本《低脂健康食谱》。

顾客：好。那我要一个家庭特大号比萨，要付多少钱？

客服：99 元，这个足够您一家六口吃了。但您母亲应该少吃，她上个月刚刚做了心脏搭桥手术，还处在恢复期。

顾客：那可以刷卡吗？

客服：陈先生，对不起。请您付现款，因为您的信用卡已经刷爆了，您现在还欠银行 4807 元，而且还不包括房贷利息。

顾客：那我先去附近的提款机提款。

客服：陈先生，根据您的记录，您已经超过今日提款限额。

顾客：算了，你们直接把比萨送我家吧，家里有现金。你们多久会送到？

客服：大约 30 分钟。如果您不想等，可以自己骑车来。

顾客：为什么？

客服：根据我们 CRM 全球定位系统的车辆行驶自动跟踪系统记录。您登记有一辆车号为 SB – 748 的摩托车，而目前您正在解放路东段华联商场右侧骑着这辆摩托车。

顾客当即晕倒……

数据，数据的掌握，同样标志着人类社会的进步。人类在原始社会，是打绳结。后来，出现了数字，在生产劳动和产品交换中学会了计算。在东汉，我们有了算盘。到了南北朝，我们的数学家祖冲之精算出圆周率。20 世纪 50 年代末，我们有了电子计算器。初期的计算机体积大得像房子，现在变成了一个笔记本和随身携带的手机，这些数据的进步，也是人类的进步。

我们如今生活在一个数据爆炸的世界里。百度每天响应超过 60 亿次的搜索请求，日处理数据超过 100PB，相当于 6000 多座中国国家图书馆的书籍信息量总和。新浪微博每天都会发布上亿条微博。在荒无人烟的郊外，暗藏着无数大公司的信息存储中心，24 小时夜以继日地运转着。

最早提出“大数据”时代到来的，是知名的咨询公司 Mc Kinsey。“大数据”在物理学、生物学、环境生态学等领域以及军事、金融、通讯等行业存在已有时日，却因为近年来互联网和信息行业的发展才引起人们关注。大数据到底有多大？自然是用数据说话：一天之中，互联网产生的全部内容可以刻满 1.68 亿张 DVD；发出的邮件有 2940 亿封之多；发出的社区帖子达 200 万个；卖出的手机为 37.8 万台；一分钟内，微博、Twitter 上新发的数据量超过 10 万，Facebook 的浏览量超过 600 万。IBM 的研究称，到了 2020 年，全世界产生的数据规模将达到今天的 44 倍……这些庞大数字，意味着什么？它意味着，一种全新的致富手段也许就摆在面前，它的价值堪比石油和黄金。

大数据爆炸推动着商业和科学变革，未来将属于能将数据转化成产品的人或公司。

人类科学研究的历史有四个阶段：几千年前的实验科学用来描述自然现象；过去几百年的理论科学，诞生了牛顿定律，麦克斯维尔方程式之类；过去几 10 年的计算科学则可以模拟复杂现象；到今天，数据密集型科学则实现了理论、实验和模拟的统一。

科技的进步在很多的时候总会超出我们的想象，如果未来我们一个人拥有的电脑设备超过现在全球现在计算能力的总和，一个人产生的数据量超过现在全球数据量的总和，甚至你的宠物小狗产生的信息量都超过现在全球数据量的总和，世界会发生什么呢？

这个时代正从传统 IT 走向激活生产力为目的的 DT（Data Technology）数据时代。DT 将点燃整个数据和激发整个数据的力量，被社会所用，被销售所用，为制造业所用，为消费者信用所用。如果说 18 世纪工业革命的生产资料是以物理的矿产、化学元素为对象的话，产业互联网时代的生产资料就是大数据，新的计算及计算技术与应用正在将过去以“流程”为核心带向以“大数据”为核心，大数据及大数据处理的能力会成为每个企业、每个行业的“新大脑”。

大数据具有规模性、高速性、多样性而且无处不在等全新特点，具体地说，是指需要通过快速获取、处理、分析和提取有价值的、海量、多样化的交易数据、交互数据为基础，针对企业的运作模式提出有针对性的方案。

大数据对企业管理的颠覆是全方位的，包括对商业模式的颠覆，对传统营销模式的颠覆，对企业内部组织工作模式的颠覆等。正是这个过程，形成了各行各业的变革力量－－因为这是大数据时代所独有的一种新型能力：以一种前所未有的方式，通过对海量数据进行分析，获得有巨大价值的产品和服务，或深刻的洞见。大数据带来企业管理的颠覆性革命，关键数据将对企业的决策产生重大的影响，企业通过大数据进行量化分析，可以提升决策质量和业绩表现。

DT 数据时代，大数据将重构很多行业的商业思维和商业模式。比如对传统的汽车行业，从销售、停车、保险、油、维修、保养等相关领域看，汽车产业是一个很长产业链的龙头产业，但同时，汽车产业链是一个低效率、变化慢的产业。一直以来，围绕车产生的数据却少得可怜，行业产业链之间几乎无任何数据传递。用大数据的模式实现汽车数字化，意味着汽车可以数字化导航、自动驾驶，意味着汽车相关的每一个行动都数字化，包括每一次维修、每一次驾驶路线、每一次事故的录像、每一天汽车关键部件的状态，甚至你的每一个驾驶习惯（如每一次的刹车和加速）都记录在案。这样，你的车每月甚至每周都可能产生T比特的数据。假设这些数据都可以存储并分享给相关的政府、行业和企业。保险公司把你的所有数据拿过去建模分析，根据你的行车线路、使用频率、驾驶习惯等等定义你的风险等级，给予你更大幅度的优惠折扣，这样保险公司就完全重构了它的商业模式。在大数据的支持下，4S店的服务也完全不同了。车况信息会定期传递到4S店，4S店会根据情况及时提醒车主及时保养和维修，特别是对于可能危及安全的问题，在客户同意下甚至会采取远程干预措施，同时还可以提前备货，车主一到4S店就可以维修而不用等待。

在过去，我们对未来的认知，主要是基于常识和对未来的想象。科技的进步在很多的时候总会超出我们的想象，现在《纽约时报》一周的信息量比18世纪一个人一生所收到的资讯量更大，现在18个月产生的信息比过去5000年的总和更多。在这样的海量信息数据前，可以发生什么改变，创造什么模式和服务，就取决于你的想象力。

早在1980年，著名的未来学家阿尔文·托夫勒便在《第三次浪潮》一书中，热情地将大数据赞颂为“第三次浪潮的华彩乐章”。

大数据使企业真正有能力从以自我为中心改变为以客户为中心，在一定程度上将颠覆企业的传统管理方式，改变商业逻辑，提供了从其他视角直达答案的可能性。通过大数据，我们可能有全新的视角来发现新的商业机会和重构新的商业模式。

数据驱动，是指企业以即时的方式获取、处理和使用数据，并以此来驱动企业的管理、运营。其本质是通过数据进行实时反馈、精细管理、智能运营，提升企业效率，降低成本，实现产品服务与商业模式创新。

以前我们不曾意识到数据的重要性，不过随着商业竞争的加剧，越来越多的企业都开始采用数据和分析来进行决策判断、挖掘商机和流程优化，以提升企业的竞争力。Gartner 的一项调查显示，对大数据技术的投资不断扩大，73%的受访者已经投资或者计划在未来 24 个月内投资大数据，相比 2013 年的 64%有所增长。调查还显示，许多企业机构已经打消对大数据投资的顾虑，表示没有大数据相关投资的企业机构比例从 2013 年的 31%降低至 24%，这就意味着更多的企业只有实现数据驱动，才会更具有竞争力。

2012 年 3 月 22 日，奥巴马政府宣布投资 2 亿美元拉动大数据相关产业发展，将“大数据战略”上升为国家战略。奥巴马政府甚至将大数据定义为“未来的新石油”。

今天，越来越多的政府、企业正逐步意识到这隐藏在数据山脉中的金矿，数据分析能力正成为各种组织的核心竞争力。目前，几乎所有世界级的互联网企业，无论社交平台之争还是电商价格大战，都有它的影子。

早在 10 年前，在支付宝（中国）网络技术有限公司（下称“支付宝”）成立的第二天，支付宝内部就成立了数据部门。2012 年 7 月 10 日，阿里集团宣布设立首席数据官岗位（CDO），负责推进“数据分享平台”战略。同时，阿里集团发布了“聚石塔”平台，为天猫、淘宝平台上的电商以及电商服务商等提供数据云服务。

从美国市场上已经发生的案例来看，互联网行业、商业智能与咨询服务领域、零售行业受益最大，但医疗、卫生、交通、物流甚至生物科技、天文等领域，都开始“承认”大数据的价值。事实上在美国各个行业和应用领域，大数据的应用已经遍地开花。在互联网行业，最简单的，亚马逊可以帮我们推荐想要的书，Google 可以为关联网站排序，Facebook 知道我们的喜好，而 Linkedin 可以猜出我们认识谁。

美国视频网站 Netflix 对用户数据的分析发现，喜欢 BBC 剧、导演大卫 · 芬奇和演员凯文 · 史派西的用户存在交集。于是 Netflix 就决定打造一部同时满足这几个要素的电视剧。事实证明，《纸牌屋》不负众望，一举成名。

农夫山泉和 SAP 公司合作，通过对包括高速公路收费、道路等级、天气、配送中心辐射半径、突发性需求（比如某城市有一场马拉松比赛）在内的海量数据进行分析之后，能对物流、销售策略进行及时调整。

2013 – 2014 年不仅仅是北美本土票房和全球票房双双创纪录的大年，也是大数据全景爆发的大年。Google 称在 Google 和 YouTube 上的搜索量可以比较精准地预测电影票房。没有数字媒体方面的专家会反驳这一点，因为人们的主动搜索是大众需求的一个很好的指示。Movie Pilot 公司研究出一种分析方法：Facebook 主页的粉丝数是说明一个特定市场中粉丝对一部电影了解程度的一个指标，这在上映前好几个月就生效了；相比之下，“被谈论次数”是衡量粉丝热度和口碑的一个更精准的指标，同时也更善变，深受发布策略和媒体宣传等因素的影响；YouTube 上预告片的播放次数对于大众早期对某电影的认知程度很重要，如果一部电影的预告在上映前四周都没有在 YouTube 上积累足够的播放次数，那它的票房表现可能会是一个悲剧。

阿迪达斯总部能对各门店数据进行整合、分析，可以让阿迪达斯更加准确地了解各地消费者对商品颜色、款式、功能的偏好，同时也可以了解什么价位的产品更容易被接受，以便制定产品指导价。

2009 年，美国暴发 H1N1 禽流感疫情，Google 通过对将近 5000 万条美国人最常检索的词条和美国疾控中心的数据进行比较，准确预判了禽流感的暴发时间和地点。

社交媒体监测平台 Data Sift 监测了 Facebook 的 IPO 当天，Twitter 上的情感倾向与 Facebook 股价波动的关联。在 Facebook 开盘前，Twitter 上的情感逐渐转向负面，25 分钟之后 Facebook 的股价便开始下跌。而当 Twitter 上的情感转向正面时，Facebook 股价在 8 分钟之后也开始了回弹。最终当股市接近收盘、Twitter 上的情感转向负面时，10 分钟后 Facebook 的股价又开始下跌。最终的结论是：Twitter 上每一次情感倾向的转向，都会影响 Facebook 股价的波动。

2014 年，天猫“双 11”总销售额为 571 亿元，这么大的成交量是怎么去保障的啊，就是云计算。阿里巴巴数据处理依靠的是阿里云，这是阿里巴巴 2009 年成立的子公司。从 2012 年开始，阿里云就在“双 11”中发挥作用。到了 2014 年，阿里云的数据处理已经变得相当成熟，2014 年 11 月 11 日凌晨，支付宝迎来交易峰值，每分钟的支付峰值突破了 285 万笔，相比上一年“双 11”期间 79 万笔 / 分钟的峰值，系统支撑能力强大了 3 倍以上。在这种极端的高并发交易场景中，阿里巴巴攻克了一项技术难题：如果某一个货品只有 1 万件，有 5 万人在同一瞬间抢单，系统能做到不超卖，不漏卖，并防止商家因卖出第一万零一件而遭受损失。

“双 11”的成功，首先是站在了互联网上，利用了大数据，利用了云计算，有了“双 11”，现在还有了“双 12”。

同样的例子还有很多，2014 年，百度用大数据技术预测命中了全国 18 卷中 12 卷高考作文题目，在 2014 年巴西世界杯比赛中，Google 亦通过大数据技术成功预测了 16 强和 8 强名单。同年，Google 斥资 5 亿美元收购了卫星公司 Skybox，从而可以获得实施卫星监测信息。美国超市沃尔玛通过大数据分析，发现飓风用品和蛋挞摆在一起可以提高销量，并由此创造了颇大的经济效益。大数据云计算技术，将这毫无关联的两件商品联系在一起，创造了意想不到的销售奇迹。

大数据影响我们的选择，我们的选择也影响了大数据，我想不出别的词语，能够比“蝴蝶效应”更完美地诠释大数据时代的商场战略，所有重大的变化，都只不过是一系列数据积累的结果，而这一系列数据最原始的出发点，就是蝴蝶效应中蝴蝶摆动那几次小小的动作。

■ 风起云涌

这是一个风起“云”涌的时代。科技浪潮席卷全球，信息技术改朝换代，网络步伐快如闪电，云计算接踵而至。

云计算开启了新一轮 IT 历史进程。在 PC 时代，以摩尔定律、Wintel 架构为主导的硬件产业、传统软件产业的商业模式，企业 IT 架构，普通人的生活，都会因“云计算”的到来和发展而发生改变。

每次 IT 变革，都会带来行业中颠覆性的变化。云计算也被认为是继 PC、互联网之后的第三次 IT 变革。

PC 时代将计算机从科学计算和专业领域发展到个人和企业应用领域，在个人和企业市场的发展中，诞生了一批批伟大的 IT 公司，IBM、苹果电脑等开始重建，并诞生了微软、英特尔等巨头，大幅提高了个人和企业的生产效率；互联网时代将数以亿万计的信息孤岛汇集成国际互联网，大幅度扩展了人类知识共享和交流沟通，产生了一批伟大的互联网公司，如 Google、Facebook 等。而“云计算”为后台的互联网时代到来，将会发生什么？

云计算（Cloud Computing）描述了一种基于互联网的新的 IT 服务增加、使用和交付模式，是继 19 世纪 80 年代大型计算机到客户端 – 服务器的大转变之后的又一种巨变。用户不再需要了解“云”中基础设施的细节，不必具有相应的专业知识，也无需直接进行控制。云计算的出现，将本地概念抛到窗外，公共云让人们享受到快速便捷的通道，对于企业而言，透放着无穷的正面魅力。

从全球发展态势来看，云计算甚至有望成为第三次技术革命浪潮中最具创造性的一大事件，它为企业带来硬件和人力成本的大幅度降低，并利用先进的管理软件或工具有效提升办公信息化。

相比 PC 和互联网时代，云计算带来更多的是应用模式的创新，而并非单纯技术、软硬件层面的革新。云计算时代的到来，将改变信息技术的市场和竞争格局，传统的垄断格局将被打破。从软件到硬件，云计算正在改变数据中心部署、开发和消费每样东西的方式，它正在快速、彻底地颠覆企业向客户提供产品和服务的方式。

对于商业模式来说，更是一场声势浩大的变革运动，云计算使服务供应商和用户企业之间的交易方式发生变化，挑战并逐渐改变了传统的商业规则，带来新的渠道生态。

当前我们身处的时代电视、手机、电脑等收视终端都成为不同传输网络下加载的通信终端。个人不再需要像往常那样先下载才能观看影片、图片，完全可以通过在线的方式按需索取；企业用户也可以通过 SaaS 方式实现自主建设管理 IT 系统的目的。云计算对整个 IT 市场发生翻天覆地的变化起到重要作用，它打破了地域和行业的限制，IT 资源将以史无前例般的方式呈现在人们面前。

“云”带来的是一种革命性的举措，这就好比是从古老的单台发电机模式转向了电厂集中供电的模式。它意味着计算能力也可以作为一种商品进行流通，就像煤气、水电一样，取用方便，费用低廉。最大的不同在于，它是通过互联网进行传输的。云计算的应用包含这样的一种思想，把力量联合起来，给其中的每一个成员使用。

从最根本的意义来说，云计算就是利用互联网上的软件和数据的能力和商业模式。

云计算的兴起将改写此前以硬件资源为基础要素的全球产业竞争秩序，重新构建一种基于“云”的软件与硬件相结合的综合竞争体系。随之而来的将是全球产业游戏方式以及竞争格局的巨变。

在云计算时代，所有的信息数据都将集成在云端之上，人们通过不同的硬件设备及网络连接方式接入散布的信息数据云端，人、终端设备、网络、“云”组成了全球产业的新角色。在云时代，全球产业界的行业界限被打破，整个产业自然地分成了基础硬件生产商、平台服务供应商和软件服务供应商三大主体，新的产业分工方式的出现也颠覆了原有的产业价值分配体系。可以预见的是，在新的产业价值体系下，单一硬件制造商的产业地位将迅速衰落，其在全球产业价值链中的地位也日渐式微。

云技术是解决大数据问题最重要、最有效的手段。云计算可以使大数据的价值被很好地挖掘，而大数据则可以带来新的业务机会，如更好的客户定位和产品创新。

云计算在颠覆原有产业发展模式的同时，也正在重构新的产业竞争格局。

云计算的快速发展为全球产业界带来了新的发展机遇，企业也面临着同等的挑战，这其中最大的问题便是如何构建起适应云时代的发展战略，形成独特的商业发展模式。

那些积极拥抱大数据的公司都以良好业绩获得了市场的回报。美国企业级 IT 解决方案供应商甲骨文披露了 2015 财年第一季度财报，其中云计算业务增长势头明显，按照不同模块划分较去年同期均有近 30%的增长。甲骨文 2015 财年第一季度总营收达到了 86 亿美元，较去年同期提高了 3%。按照美国通用快捷准则计算的净利润 22 亿美元，每股净收益 48 美分。较去年同期提高了 2%。

在旧金山举行的 2014 甲骨文全球大会上，甲骨文公司展示了面向数字型企业的云平台：Oracle 融合中间件的最新创新。Kurian 重点展示了 Oracle 融合中间件系列的主要产品更新，其中包括新的平台即服务（PaaS）和客户端云产品，还有移动、安全、内容管理以及数据管理和整合功能。凭借这些创新，客户及合作伙伴可以利用弹性私有云及公用云架构，部署新的数字化业务模式，降低成本。

7 – Eleven 公司也在台上分享了该公司使用 Oracle 融合中间件的成功案例。7 – Eleven 公司首席技术官兼首席设计官 Steve Holland 表示："作为一家 24 小时不间断运行的大型、多地点零售商，我们需要更好、更安全的方式与外部客户进行联系，更快、更简便地将创新推向市场。凭借 Oracle 融合中间件技术，我们现在能在不到一天的时间内完成新环境配置。"

IDC 的调查结果显示，到 2015 年，IT 支出中有 40%都将涉及云计算。而目前云计算也被我国政府列入政府采购项目。19 世纪末，人类用水力或蒸汽获取动力，在电力传输方式被发明之后，人类也可以从发电厂按需、弹性、安全地取得所需动力。而今，这一幕在云计算应用上重演，云计算正试图实现按需、弹性、安全地提供计算资源。

以"余额宝"为代表的互联网金融服务近期热力飙升，但"余额宝"背后的云计算力量却不为人所知。事实上，天弘基金系统的"余额宝"是第一个使用云计算来支撑其基金直销和清算系统，其背后依靠的正是阿里巴巴集团旗下的阿里云。阿里巴巴集团 CTO 王坚日前对外表示："云计算是 99.99%的企业唯一拥抱互联网的机会，当云计算的计算能力变成一种公共服务的时候，已超过了以往任何的计算技术对社会产生的影响，这就是云计算真正给社会带来的价值。”

余额宝在2013年进入阿里云后，只需30分钟就完成了之前需要8个小时的清算工作。目前，余额宝为超过6100万的互联网用户提供货币基金理财服务，基于云计算的基金清算系统，每天可以处理超过3亿笔交易数据、实时请求。这个案例显示了云计算的三个本质问题：大规模、低成本、服务运营。而阿里云目前已经实现的是，同一套系统支持离线和在线服务，这和Google的模式类似；以公共服务方式提供服务，这点和亚马逊模式相似。通俗讲，阿里云就是Google+Amazon模式的集成。

云计算、大数据、物联网等新技术应用不断推陈出新，加速了云计算与移动平台的融合发展。就在2013年，云计算还只是应用到PC终端，移动端的应用普及还受制于移动终端软硬件技术的发展桎梏。然而随着2014年新的科技产品、平台服务的涌现，比如AppCan等云端开发平台，就创造了优质开发平台+优质云端服务的全新模式。这在以前是不能想象的事情。这也是从以前的“单打独斗”到“产业融合”的创新，云计算+移动平台的又一新兴模式，也必将成为互联网下一个时代的发展趋势。

■　未来已来

今天，我们所面对的世界已经和过去截然不同。

我们正处在一个全球骤变的时代，所有的变化都在加速裂变，以至于我们思考的速度远赶不及事物的发展。

从传统的制造业到移动互联产业，短短数 10 年，我们经历了几个时代。

移动互联网思想之于传统制造思想，就如一场核武器对小米步枪的战斗。

在 PC 时代，你要买无数的硬件，要有无数牛逼的技术人员，你才可以玩互联网生意。在今天，你可以不用硬件，不用技术人员，白手起家就可以开创一个几十亿几百亿元的生意，因为互联网创造了“云的世界”。这是一个打破传统格局的新的平等机会，那些拥有金钱财富的土豪们，在移动互联网世界同样可能手足无措。

趋势是无法以人的意志为转移的，趋势的力量就如同泄洪的水兽，狰狞而凶猛。

今天的世界，变化之快令人眼花缭乱。晚上带着家人去吃饭，拿出手机点击附件餐厅，看完餐厅介绍，对比之后，挑一家评价好的、好吃又实惠的餐厅，在手机上领取一张会员卡，订好座位，等时间到了，点击导航，直接去吃饭，不用排队。吃饭的时候，哪个好吃就拍个照，放到微博或朋友圈，晒一晒，与朋友共享，因为以后朋友来这里吃饭的时候，凭着你的分享，可以获得优惠，商家还要给你返利，你既能吃到好东西，分享又能赚钱，真的很惬意。吃完饭，去商场购物，看到哪个产品喜欢，拿起来扫一下二维码，用手机比比价，放入网络购物车，逛完商场，在手机上点击送货时间和送货地址，直接付款，不用拎东西，也不用排队，然后去看电影，因为电影票在吃饭的时候已经用手机买好了……这就是我们未来的生活。

想象一下，未来的一天，应该是这样的：你在浪漫悦耳的 G 大调钢琴曲中醒来，又是一个崭新的早晨。床头那个猫头鹰造型的闹钟传出的旋律，让起床变成一件轻松开心的事情。这个闹钟是从大数据家居展卖会上淘回来的小玩意。

每天，闹钟的铃声都会根据你的心情自动切换。昨天一位朋友在朋友圈里上传了一段贝多芬钢琴曲，优雅动听，你回复了一个“赞”，所以今天早上听到这段经典的 G 大调便不足为奇了。

你一边吃着早餐，一边看着电视新闻。电视节目都是个性化定制、智能推送的。一则新闻是关于台风袭击的情况以及救灾工作的进展。通过综合数据平台，气象、民政、交警和医院等几十个部门形成了联动机制，大大缩短了救援时间。一些渔民被台风困在了海上，减灾办通过数据定位，帮助他们找到了最近的避难港口。

你按下手机上的一个按钮，新买的汽车从车库徐徐驶出，开到了你的眼前。这是一辆自动驾驶的汽车，在还没有上路时就已根据从家到公司这段路程上所有的道路状况、红绿灯时间和历史数据，提前规划好了一条最省时的路线。

工作结束后，你来到超市采购食品。你逛有机食品区时看到了一种新出的杂粮麦片，看上去很有营养。你用手机扫描了食品包装上的二维码，手机屏幕上便出现了麦片的产地、成分、是否有过食品安全召回记录和其他购买者的评价信息。

快速采购完这个月家庭所需的食品后，按照多年以前的规矩，你该走到收银台前结账，但在今天的超市早已没有了结账柜台。将商品放入购物篮的一刹那，传感器便能把商品的价格和结算信息传输到你的手机上，生成一个订单。你确认订单后，便可在手机上完成支付。

移动互联网、大数据和云计算是三位一体的，比如我们手机里装的每一个移动 App，背后必然有一个大数据能力的云计算承载。当我们把互联网、大数据、云计算放到现实生活中，虚拟世界的一切将真正实现物理化，太多太多的可能性正在成形，当你觉得它们只不过是概念的时候，它们已经开始生根发芽，开始茁壮成长。

先说说 3D 打印技术，它是革命性的新发明，最令人叫绝的优势在于，根据需要者的三维信息提供个性化“定制”服务。比如，在医疗健康领域，我们已经可以看到不少活生生的例子，3D 打印帮助截肢患者重新拥有双腿，3D 打印器官、肌肉等等例子，屡见不鲜。这些超乎想象的实例，让我们对 3D 打印的未来产生了更多遐想。既然 3D 打印机可以打印器官，人类追求的长生不老的梦想也许真的可以变成现实。随着互联网与生物基因的结合，未来人类出生证的发放可能不再专属于中国，而是要让位给联合国，而且指标相当珍贵。你想想，都长生不老了，拼命生，地球能装得下吗?

韩国有一部火爆的电影《我的机器人女友》，片中那场单纯美妙的人与机器人之间的爱情故事，让寂寞的宅男们梦寐以求。英国人工智能专家戴维·李维预测，最晚2050年，很可能今天的年轻观众的孙子辈，会把机器人当成恋人、性伴侣。现在看来，宅男们不用等这么长时间了。美国贝尔实验室发明出美女机器人洛克茜，有着真人般的皮肤和智能，会陪人聊天，能感受到你的抚摸，最重要的是不会嫌“男友”不够好。你的人生伴侣就是可以去工厂度身定制。如果你对你那一款机器人伴侣腻烦了，还可以通过程序改变它的性格甚至容貌，这等于可以不断地更换伴侣，而不用背负“花心”的骂名。由性渠道传播的艾滋病也不杀自灭了。

好莱坞年度科幻巨制《星际穿越》，也为现代人描绘了未来的轮廓。从交通工具到机器人，从宇宙黑洞概念到太空飞行器，无不让人看得眼花缭乱。片中一大亮点，就是不断旋转的环状结构飞船，它有12个太空舱，不断传回虫洞的消息。在《星际穿越》当中，聪明、可爱又幽默的机器人令人印象深刻。这些四四方方的智能机器人，是军用机器人，具有高度的智能，能够与人类无缝配合。有人根据电影预言，在未来的30年当中，科技公司们竞争的焦点必将是集中在人工智能这一前沿领域。

人口红利的消失和工业4.0的快速推进，正在倒逼越来越多的产业加入智能化大军。按照目前的发展速度，5年之内机器人将在地球上大行其道，他们将与人类并肩作战，既可能是你的新同事，也可能是你的新朋友，甚至家人。想想看，就连品酒、写作、驾驶、飞行、销售、心理咨询这些都可以由机器人完成，还有什么他们做不了的呢？而且“人”是有所为，有所不为，而机器人是无所不为！

第二章　局

变局，破局；
观大势，识大局。

■ 变局时代

没有什么比变化更让人心焦。

快速迭代，用户参与；基于海量数据分析进行决策；病毒式营销，星火燎原；小而美，少即是多；免费策略，平台战争；粉丝经济，草根品牌；激发用户创造、自组织构筑网络生态等等。一种叫“互联网思维”的、全新的东西改变了我们的许多存在。

今天，“互联网思维”如同欧洲16世纪的“文艺复兴”一样，虽然开始只是少数艺术家与匠人对文学、艺术、建筑的一种“人文主义”思辨，但是这种思维的核心最终被扩散开去，影响了经济、宗教、政治乃至人类社会的生产方式，最终颠覆了整个大时代。

杭州有个包子品牌“甘其食”，是由毕业于同济大学自动化控制专业的工科男童启华创立。毕业后他卖过鞋子，做过服装生意，开过餐饮店甚至还有网吧。他很好地运用了发源于理工科的思维，解构、量化、规模化、流程设计、快速更新迭代……他就是这么打造他的互联网包子铺品牌。每月售出包子超过500万个，月销售额破千万元，获得了天图资本8000万元的投资。这就是活生生的改变。

互联网时代，很多变化在悄悄发生，突如其来。那个我们曾经熟悉的诺基亚几乎在我们来不及反应的时候就已经灰飞烟灭。诺基亚辉煌的时候，很多人根本没听说过苹果。为什么拥有强大财力和市场份额的诺基亚会败给苹果？诺基亚并不乏创新的能力。论技术，诺基亚拥有最顶尖的研发团队；论设计，诺基亚的设计人员是苹果的好几倍。它甚至还有专门的流行色彩分析师。在诺基亚内部，有专门的市场研究者分析未来的生活趋势，有不同的团队负责造型、界面、色彩等，甚至连摄像头、浏览器这样的细节设计都有专门的小组负责。就是这样一个企业，也逃不过失败的厄运。

而苹果的成功相对诺基亚是一种逆袭，某种意义上源于对传统设计秩序的打破。iPod把音乐和网络联系了起来，iPhone建立了通信、娱乐、网络三者的联结，iPad 在此基础上加入了创作的体验，并把这种体验放大到方便与舒适的极致。苹果的“生产一个带有通话功能的娱乐设备”的理念正是手机制造商从来没有过的逻辑。

悲剧的除了诺基亚，还有曾经风光数 10 年的日本电子巨头，他们为何也败给苹果？还是在于缺乏变化。

20 世纪 90 年代，曾经盛极一时的日本电子业巨头们把宝都押在了电视机上，他们认为电视是核心，却忽视了手机的崛起和由此带来的变化，错过了智能手机发展的浪潮。一系列因素导致了日本企业错失良机：太过关注本土市场；对新形势觉悟慢，应变死板；对消费者偏好判断失误，对自己在硬件方面的优势过于自大。

即使在手机领域本身，日本企业在创造一个个领先潮流后，却忽视了产业的革新趋势。从 20 世纪 90 年代开始，日本手机不断实现硬件上的突破，创造一个又一个的技术奇迹。2000 年，夏普成为全球首家在手机中配置摄像头的企业。到 2006 年，就在苹果公司推出 iPhone 的前一年，日本消费者已经能够通过手机观看电视节目。过去 20 多年来，这样的故事不断地在日本曾经称霸于世的电子产品公司身上上演。在这期间，日本企业在硬件方面的突破胜过了竞争对手，从平板电视到高端手机均是如此。但它们的海外竞争对手通过实现更快速的技术改进、商业模式、在产品中集成直观简便的软件和在线服务、更巧妙地削减成本、推出更灵活的营销信息而大赚特赚。

索尼和苹果的对比可能比较容易解读日本企业走过的误区。

作为“日本队”领队的索尼，在苹果推出 iPod 后，Walkman 业务备受打击；平板电视时代，也未能把握住液晶电视、OLED 电视的先发时机。在电视领域，索尼的特丽珑显像管技术曾是模拟时代电视最佳品质的代名词，但一味地固守模拟技术，让索尼错过了等离子和液晶电视的发展大势。松下掌握的等离子技术原本不逊色于液晶，部分性能还优于液晶，但是由于松下采取了封闭策略，更多企业扎堆到开放的液晶产业链，最终液晶占据了上风。

索尼曾经是一家伟大的公司。它研发和生产的 Walkman 创造了总销量 2.5 亿台的奇迹。早在苹果创立 iPod+iTunes 模式之前 20 年，它已成功地把自己的产品线从硬件（消费电子）向内容（音像和游戏）延伸；早在三星正式提出数字化融合之前 10 年，它就已清楚地意识到设备和内容从模拟向数字转化的必然趋势，并研发出比 MP3 播放设备性能更好的 MD。1995 年，索尼甚至考虑过收购苹果，当时如果它愿意，就可以轻而易举地将苹果收归旗下。

当年乔布斯和斯考利（苹果前 CEO）去日本拜会索尼的创始人盛田昭夫之时，对方送他们一人一个 Walkman，乔布斯对此爱不释手，对索尼公司也兴趣盎然。斯考利回忆说：“那时的索尼是乔布斯的参照。他确实想成为另一个索尼，不是 IBM，不是微软！”

如今，索尼在过去称雄的领域里举步维艰，苹果公司的 iPod 和 iPhone 打败了 Walkman 随身听和索爱手机，微软和任天堂则分别夺走了游戏机市场不小的份额，韩国的三星和 LG 更是后来居上。索尼在 2006 年率先推出了电子阅读器，亚马逊（Amazon）却在两年后携 Kindle 电子书不期而至，它有一种索尼阅读器所不具备的功能：可下载书籍、报纸和杂志的无线链接，苹果公司的 iPad 更是颠覆了这个传统互动娱乐领域设备市场。那个曾经不断推出革命性产品，备受消费者追捧的索尼在人们心目中消失了。

和索尼一样的是“日本制造”这个曾经的金字招牌，过去，它们在全球风光无限，如今它头上的光环正渐渐褪去。

曾经推崇“变化与速度是企业生存之根本”的日本电子巨头，对市场的反应变得迟钝，对产业方向判断失误……进入移动互联时代，日本电子企业慢慢失去了往日的光彩。

时势总是如白驹过隙，在 iPod 横扫 Walkman 的时候，市场江山悄然易主；液晶电视取代传统显像管的时候，索尼巨人颓然跌倒。回顾这些案例，可以帮助你清晰地记得过去 10 多年间所发生的一切，就可以发现，很少有一个行业如 IT、数码、互联网领域一样，拥有如此多的想象空间和革命余地，他们不断地挑战、改变甚至破坏行业的既有版图。

2014 年底，一部《万万没想到》大电影上线，一周票房就过亿元。范钧是谁？这对很多人来说是个非常陌生的名字，但提到万合天宜出品的《万万没想到》《报告老板》，很多人就明白了；《万万没想到》在线播放量超过 6 亿次，它集均 5 分钟的内容曾经横扫《继承者们》《小爸爸》等热门电视剧。这就是互联网正在颠覆内容行业的实证。作为一个新兴新媒体影视公司，万合天宜的作品不仅在网络上收获了难以置信的点播量，且《万万没想到》第一季就实现了广告的多样化植入，并捧红了一众自有明星；除此之外，它还与湖南卫视深度合作，成功逆袭传统媒体。而这些过程仅仅在半年之内就发生了，对于传统影视剧制作周期和宣推流程来说，简直是不可思议。

在《第一财经周刊》举办的2014中国商业创新50人盛典上，对范钧的官方颁奖词这样说：作为互联网历史上第一个将自制内容规模化运营的公司，万合天宜与优势平台合作，创作了以《万万没想到》为代表的优秀影视内容。其创造的惊人点击量与跨国界的文化影响给予了整个行业信心，并极大地促进了新媒体影视内容产业化发展。

趋势在前行，变化在发生，一切都值得我们警醒。

■ 重新洗牌

一场不曾有过的颠覆之战正在逼近，一股新兴商业力量正在攻城略地，一批传统行业——零售业、批发业、制造业、广告业、新闻业、通信业、物流业、旅游业、餐饮业、金融业、保险业、医疗业、教育行业、电视节目行业、电影行业、出版业等，腥风血雨就要来临，一个都逃不了。

互联网来得太快，很多人没有醒来，世界已经变了。传统行业正在以裂变的速度接受着新一轮互联网浪潮的冲击!

2014 年商界的格局天翻地覆，快的和滴滴打车软件你方唱罢我登场，两个月烧钱 15 亿元，整整 30 年的打车概念重新洗牌。补贴大战休兵不久，一个叫“专车”的新玩意又盯上了传统的出租车行业。也就半年时间，余额宝以高出传统银行 300%的利息，且不分时间金额限制，18 天狂收 57 亿元资金存款。三马（马云、马化腾、马明哲）网上保险公司的启动，预计未来 5 年将会影响 200 万保险人员。其他保险公司将何去何从?

互联网金融对银行业的冲击已经开始，可能三五年后，我们不再需要现金，不需要银行卡。有银行家说过，银行在 20 年后可能消失。银行一直是中国老百姓心中至高无上的地方，从未有人敢想过能超越它，然而马云创办的支付宝，每天流动资金超过任何一家银行，业界哗然，其后推出的余额宝，给予客户的利息超过银行 17 倍，直接抢银行的饭碗。

2015 年新年伊始，李克强总理考察深圳，在国内首家互联网银行，李克强用“微众银行一小步，金融改革一大步”来鼓励这里的工作人员要不断降低融资成本，倒逼传统金融机构，发展“普惠金融”，给千千万万的小微企业以实际信贷支持。

未来的金融业会全面互联网化，以大数据为依托，互联网会要求双方都有极高的透明信息，在最短时间内建立信任；投资方与被投资方的信任问题将直接由互联网的游戏规则进行建立，同时风险的评估也会更加透明客观且准确；每一个被投资方的全部信息都会完全公开，从微博、家庭住址到人生经历等。

个人无法伪造任何虚假信息，也无法遁逃。

传统新闻业被寡头垄断，互联网没有进入中国前，电视在中国老百姓心目中是高高在上的，央视的汶川大地震新闻几小时后才出来，而网络上几分钟后就出现新闻，速度实在太惊人。如今，我们身边还有多少人在看电视？还有多少人在看报纸？

2014 年，国内传统媒体是哀鸿遍野，像上海曾经辉煌的《新闻晚报》死了，还有什么《竞报》《天天新报》《收藏界》等等，命运一样。门户网站的风光也结束了，大名鼎鼎的陈彤离开新浪，加盟了雷军的小米。传统媒体的没落，国外也一样，《纽约时报》2014 年 10 月，裁了 100 多名记者编辑；2013 年《时代周刊》裁员 5%，《新闻周刊》更是在 2012 年底就彻底停止了印刷发行，专注网站业务。

与传统媒体的式微没落对照鲜明的，是互联网媒体“横财就手”。互联网媒体抢钱很霸道，2013 年，在《纽约时报》大批裁员的时候，美国数字媒体 VoxMedia 完成了 D 轮 400 万美元的融资，估值达到 2 亿美元。在中国，2014 年“汽车之家”网站一个季度的广告收入达 5900 万美元，按运营成本算下来，超过了新浪。你看看，当你在互联网上、手机上点点点，用 App 看新闻、资讯时，传统媒体就被新媒体静悄悄地干掉了。

当微博等自媒体形式崛起后，每个人都是一个媒体。在未来，传统新闻媒体的话语权衰弱，话语权将被分散到各个自媒体的山头。自媒体将成为新的王者，现在已经开始有越来越多的新闻业中的人出走办自媒体。

在传统的制造业领域，未来时代消费者与生产者的界限会模糊起来，而同时传统的经济理论面临崩溃。这是注定要诞生的 C2B 全新模式。维基百科是一种全新的制造模式，底层有无限的力量，只要加入一些自顶向下的游戏规则，两者结合后就会爆发出惊人的力量。产品开发变成线下与线上的结合，量化生产，价格同步；同质化的强调功能性的产品将越来越没有竞争力，而那些拥有一流用户体验的产品会脱颖而出；传统的制造业将难以为继，大规模投放广告和大规模生产时代宣告终结；产品进入新部落时代，个性化，定制化，人人都是设计师，人人都是生产者，人人都在决策所在部落的未来。

全球最大的零售商沃尔玛，在华有 5 万名员工，年交易额过百亿元，这个巨无霸的公司似乎无人能及；然而马云创办的淘宝网，仅 3 年时间的交易额就是沃尔玛在华所有门店交易额的 3 倍，2013 年光棍节当天交易额就超过了 350 亿元人民币。没有人能够想到今天淘宝网会这么强大，大可敌国。

在传统批发领域，当阿里的 B2B 出现之后，小店主不需要长途跋涉亲自去检查货品，阿里建立的信任问责制度，使得信任的建立不需要数次见面才能对此人有很可靠的把握。未来的批发业应当会彻底地全球化。而在互联网繁荣到一定程度后，中间代理批发商的角色会逐渐消失，更多直接是 B2C 的取代。

我们每天都离不开的通信业，我们一直在喊着打破三巨头的垄断，但最终打破他们地位的则是技术和趋势。中国移动、中国联通一直垄断这么多年，却被一个看似不起眼的腾讯所超越，微信短短几年时间，用户超过 4 亿。微信不仅可以发短信，还能语音通话，收发图片和视频，而且还是免费的，只要能上网，完全可以替代中国移动、中国联通。甚至有一天，世界可能不再需要手机号码而是 Wi – Fi，对电话和短信的依赖日益降低，直到电话的技术被彻底封存起来，就像当年的电报一样。同时手机号码、电话号码等词会出现在历史课本里。

摩托罗拉、诺基亚向来是世界手机业巨头，不同层次、不同价格、不同功能的手机，N 多的产品线，构建起来的商业帝国无人能及，却被一个绑上互联网的苹果手机所打败。

在神圣的教育行业一样逃脱不了被颠覆的命运。互联网会改变教育行业的价值取向，将单一的以成绩为主导的教育转变为对人个性的全面认可与挖掘，从单一走向多元，再从竞争走向合作。整个原有的金字塔型教育结构全部废弃，转变为“狼牙棒”形态。同时，开挖大数据，建立人格发展的大数据心理模型，对人进行个性化的发展以及长远规划。

为我们酒足饭饱之后提供精神食粮的娱乐产业，互联网化的趋势也势不可挡。上海电影节上，已经有人惊呼，影视公司都要为 BAT 打工，而 BAT 三家也在 2014 年不约而同地成立了自己的影视公司。传统影视圈子的大伽纷纷试水互联网。在传统的电视屏幕地盘，网络视频开始和电视节目叫板。互联网会对电视节目行业进行优胜劣汰的革命。各种有创意的网络节目会横空出世，挤压这个市场。电视节目行业也可能会有本地化的 OTT 情况出现，你会看到本地的一个人在录一个本地化的方言节目，无所谓好坏。互联网同时要求打破一切话语霸权的格局，不拘一格，将一切有新意的电影推向市场。

备受诟病的医患关系领域，医疗产业也将被互联网改造。2014 年 8 月，一个叫“春雨医生”的 App 宣称完成 C 轮 5000 万美金融资，这一涵盖最近热门关键词如“移动互联网”“医疗”“医患关系”的移动产品又被评论界赋予了更多的故事。春雨掌上医生是一款“自查 + 问诊”的健康诊疗类手机客户端；用户可通过春雨掌上医生，查询有可能罹患的疾病，免费向专业医生提问。春雨的初衷是每个人都应该享有更优质、经济、便捷的医疗健康信息服务。

未来，基于互联网和大数据，各个医院以及医师的口碑评价会在互联网上一目了然，当你看完病你就可以马上对该医生进行评价，并让所有人知道。用户的生病大数据会跟随电子病历永久保存直至寿终。未来物联网世界会将你的一切信息全部联网。你几时吃过什么饭、几时做过什么事、当天的卡路里消耗统统上传到云端。医生根据你的作息饮食规律即可更加精准地判断。更多时候患者可以无需选择医院就医，基于大数据的可靠性，可以直接远程解决，药物随后物流送达。

吃个饭也会被颠覆。在中国的本地化 O2O 点评比如大众点评、番茄快点以及淘宝新做的淘点点等等证明，未来的餐饮行业将会由互联网彻底带动起来，会有越来越多的人加入点评中，餐馆也会愈加优胜劣汰。在环节上进行更大的效率优化，完善一整套产业服务格局，比如用户就餐零等待。

未来的酒店业与旅游行业一定会利用起互联网大数据，对消费者的喜好进行判定。酒店可以为消费者定制独特的个性房间，甚至可以在墙纸上放上消费者的微博的旅游心情等等。旅游业可以根据大数据为消费者提供其可能会喜好的本地特色产品、活动、小而美的小众景点等等，旅游业还可根据其旅行的时间地点以及旅行时的行为数据推送消费者可能会喜欢的旅游项目。

这就是我们所面对的时代。

未来 10 年，各种横空出世的人物会遍布各个领域。他们只是开了个头而已。接下来的故事是数据重构商业，流量改写未来，旧思想渐渐消失，逐渐变成数据代码……大数据时代、蘑菇云爆炸，一切都在经历一个推倒重来的过程，商业格局洗牌是必然趋势。

创新者以前所未有的迅猛，从一个领域进入另一个领域，门缝正在裂开，边界正在打开，传统的广告业、运输业、零售业、酒店业、服务业、医疗卫生等等，都可能被逐一击破。更便利、更关联、更全面的商业系统，正在逐一形成，世界开始先分后合，分的，是那些大佬的家业；合的，是新的商业模式。

想想，未来，酒吧还是酒吧吗？咖啡厅还喝咖啡吗？餐厅就是用来吃饭的吗？美容业就靠折腾那张脸吗？肯德基可不可以变成青少年学习交流中心？银行等待的区域可不可以变成新华书店？飞机的机舱可不可能变成国际化的社交平台？

这个世界没有永远、绝对不变的东西，万物诞生于无，无中生万物，而这从无到有的生意味着永恒的流变。

■　跨界打劫

柯达的葬礼已经快要被人遗忘，摩托罗拉、诺基亚、东芝、索尼都在排队等候档期。

微信上流传一个段子“跨界竞争的奥妙启示”，第一段是：最近听到最震撼的一句话是，移动说，搞了这么多年，今年才发现，原来腾讯才是我们的竞争对手。

边界消失的地方，是商业模式创新的沃土。

产业的跨界融合带来新的革命，产生新的机遇。

在互联网时代，几乎所有的行业都在跨界，如果不跨界就会落后。

未来 10 年，是中国商业领域大规模打劫的时代，所有大企业的粮仓都可能遭遇打劫！一旦人民的生活方式发生根本性的变化，来不及变革的企业，必定遭遇前所未有的劫数！

对于某些公司，产业边界的消融却意味着难得的机会，客户需求变化、底层技术和周边环境变化，为它们提供了重塑自己甚至重塑一个行业的机遇。

数字技术冲击下，零售、金融、制造、消费电子、物流、文化、传媒、旅游等诸多行业，原先的楚河汉界被弭平，高墙围栏被冲垮。众多过去被认为隔行如隔山的两家公司，突然之间彼此成为竞争对手；那些原先风马牛不相及的行业，可能一夜之间便瓦解了你所在行业的地基。变动不羁的时代下，一些以往被认为缺乏市场聚焦的行为，而今却成为必不可少的举动。

边界消失的地方，成为了这些商业模式创新的沃土。

在设计一个商业模式的时候，是否从客户需求环节还原到客户需求链，通过跨界和融合再造一个方案，来更为完整周详地满足客户的需求链，就形成了跨界和融合能力的高下之分，更决定了创新商业模式的竞争力。

你不敢跨界，就有人跨过来打劫，未来 10 年，是一个海盗嘉华年，各种横空而出的“千年妖怪”将像马云、马化腾一样遍布各个领域。他们两个只开了个头而已，接下来的故事，将越来越精彩。数据重构商业，流量改写未来，旧思想渐渐消失，逐渐变成数据代码。

当一切都开始移动互联网化，互联网以及移动互联网最严重的问题之一是什么？不是对手比你强，而是你根本连对手是谁都不知道。新的更强大的对手已经用互联网思维在布局跨界打劫你的市场，你却浑然不知，等你醒悟过来的时候，已经来不及了。

最彻底的竞争是跨界竞争，因为你认为收费的主营业务，一个跨界的进来搞免费，因为人家根本不靠这个赚钱，你美滋滋地活了好多年，结果不知道到最后是怎么死的。

瑞星杀毒收费，360 杀毒全部免费，让整个杀毒市场翻天覆地；微信 7 个亿的用户还在增加，直接打劫了中国移动、电信和联通的饭碗；余额宝 18 天狂收 57 亿元存款，开始抢夺银行的饭碗；柯达的葬礼已经快要被人遗忘；摩托罗拉、东芝、诺基亚、索尼都在排队等候档期；国美醒来的速度太慢太慢，等睁开眼睛，仓库里剩下一地的悲伤，京东早已实现明目张胆的打劫。

360 整死瑞星杀毒软件的案例，非常典型。好几年前，杀毒软件的价格曾经高得离谱，动不动两三百元，那时一些网民甚至都买不起杀毒软件。杀毒软件就是一个暴利市场。当年，杀毒软件的龙头老大是瑞星。在 360 诞生以前，瑞星在杀毒行业的市场份额最高曾到 80%，处于完全垄断的地位，一年营收七八亿元，利润高达五六亿元。当免费的 360 杀毒软件出现，瑞星立刻就无还手之力，只能对 360 恨之入骨，大肆谩骂、抹黑、打压 360。但把 360 的名声搞得再臭，仍然会有用户愿意尝试使用一下这个免费软件，而一旦尝试之后，他们就会惊奇地发现：免费的 360 居然比高价的瑞星更好用。那为什么还要用瑞星呢？其实 360 的免费，其本意并不在打击瑞星。奇虎 360 是一家互联网公司，互联网免费天经地义，所以 360 从来没有考虑过在基本服务上挣钱。但是，免费杀毒软件极大地提高了 360 的用户占有率，而这个占有率就是钱。360 有了庞大用户和知名度后，依靠其他增值服务赚钱，比如广告；用户用 360 安全卫士下载软件，360 就会与该软件开发公司分成等。

传统企业思维是：用什么都要掏钱。互联网企业则是：这边免单，靠另一边赚回来。

打车软件的火爆，使得原本是广播忠实拥趸的出租车司机纷纷关闭车内的收音机，一天到晚忙着手机抢单，导致车载电台收听率大减。“月收听率下降 0.1

个百分点，意味着每个月少了几万名听众。”有网友对此称，电台想过一万种死法，最后没想到是这样－－有一种死法叫没看到对手就死了。

最近互联网这帮疯子又冲进制造电视的产业。这帮野蛮人冲进来之后都没有底线，价格没有最低，只有更低。俗话说外行看热闹，内行看门道，对很多非互联网的传统企业来说，正因为他们不了解互联网的游戏规则，这个规则也就是几个关键字，他们越看越看不清。

雕爷的牛腩、皇太吉的煎饼、阿里的金融……互联网正携带着巨大的势能，平踏互联网之外的世界。如同硬件领域已经发生的 IT 消费化－－正是这股势不可挡的历史潮流让黑莓、惠普等老牌 IT 厂商落败，苹果、三星等消费电子巨头崛起－－在软件领域，一些用户基数庞大的个人软件也因为用户强大的使用惯性，正在向商用领域自然侵袭。QQ、微信、微博，你已经很难界定它们是生活工具还是工作工具了。

未来 10 年，是中国商业领域大规模打劫的时代，所有大企业的粮仓都可能随时遭遇跨界。一旦人民的生活方式发生根本性的变化，来不及变革的企业必定会遭遇前所未有的劫数。

跨界的，从来不是专业的，全部来自另一个领域！神出鬼没，你都不知道从哪里窜出来的。创新者以前所未有的迅猛，从一个领域进入另一个领域。可以看到，互联网公司就像一头闯进瓷器店的大象，让一切易碎品彻底粉碎。它的打劫路数很简单却致命，“让贵的便宜，让收费的免费，让复杂的简单”，最后一统天下。除了企业软件，未来我们还会看到更多互联网跨界打劫的事情。这让每个行业都不再会有舒服的挣钱姿势，躺着挣钱更加不可能。

变革越来越快，一切都在一个大规模变革之中。无论是哪一家公司，如果不能意识到金钱正随着消费体验的改变而改变流向，那么，无论过去他们有多成功，未来都只能够苟延残喘，直到被尘土掩埋。

■ 创客崛起

曾经大家以为 IBM 是王者，后来微软让 IBM 边缘化了；到今天，曾经不可一世的微软也终于“软”了，不再是绝对的王者。

早在 PC 时代，微软的崛起和垄断霸局让人们相信，属于硬件的时代已经远去，未来的王者一定属于软件。直到智能互联时代，人们突然发现，风水轮流转，属于硬件的时代又到来了，只是这次它披了一件“智能”的外套。

2015 年新年伊始，福布斯用一篇《深圳从“山寨之都”到“创客之城”》报道它们眼里的深圳：中国正在展示它创新的力量。在一年一度的全球最大的消费者电子产品大会 CES 上，来自中国的企业正努力打响自己的名号。此次大会，超过 25%的参展商都来自中国。这篇报道的背后正是，中国国务院总理李克强 1 月 4 日刚刚考察了深圳，也是其 2015 年首个视察地。李克强在深圳期间探访了一个叫柴火创客空间的地方，柴火创客空间是深圳的创客们聚集的“创意会所”，每周三晚上，柴火创客空间像各地的创客空间一样，都会举办一场小小的创客聚会活动，分享大家最近的战斗成果，或者关注到的最新的技术。

李克强在柴火创客空间体验各位年轻“创客”的创意产品。他称赞并鼓励那些年轻的创客们－－创客们的奇思妙想和丰富成果充分展示了大众创业、万众创新的活力，这种活力和创造，将会成为中国经济未来增长的不熄引擎。

美国当地时间 2015 年 3 月 10 日早上，一则写着“Make With Shenzhen（与深圳共同创造）”的深圳“创客之城”巨幅广告亮相纽约时代广场的大屏幕。2015 年两会，“创客”首次“闯入”政府工作报告，创新创业者都憧憬着一个即将到来的“黄金时代”。

从 PC 时代到互联网时代再到移动互联网时代，产业和规则的跃进颠覆了诸多行业。

移动互联网如火如荼地发展，硬件开始越来越软了，越来越智能了，互联网巨头和传统企业都希望在新的智能硬件领域寻找机会。

2013 年以来，可穿戴设备、机能辅助机器人、智能交通、智能家居、无人飞行器……这些新设备、新技术、新应用构成了IT、制造行业和硬件创新的前沿，把人类带进了新工业革命时代。这正是互联网、物联网与传统制造业的碰撞，硬件创新与软件创新的融合。

今天，移动互联网已经并正在改变人们生活方式的点点滴滴。移动互联网突破时间、空间的界定，产生了大量新的需求，传统的互联网格局开始演变。

国内IT巨头在移动互联网的竞争已相当激烈，但在硬件领域的竞争还处在起步阶段。随着大数据和云服务价值的逐步体现，硬件产品的入口价值会进一步体现出来。围绕智能硬件的创新和创业是新一轮热点。在2014全球移动互联网大会上，如何赢得下一个50亿用户，如何成为下一个50亿元公司，如何赚得下一个50亿元收入，成为业界热议主题。

随着苹果和Google相继发布Homekit和Googlefit，从平台切入智能硬件行业的举动，重新点燃了人们对智能硬件的热情。面对这个极有可能成为下一个入口的新兴行业，BAT纷纷发力，各自卡位布局。

从2014年中开始，国内互联网巨头在智能硬件领域动作频繁。腾讯推出第一款智能硬件路宝盒子，基于车载自动诊断系统来获取汽车行驶数据。路宝盒子与腾讯路宝手机App配合，将信息传回手机App，结合手机的GPS和网络信号等数据，为车主提供油耗分析、驾驶行为分析、行车记录以及出现故障时的救援服务。微信在7月初以服务号的方式向第三方硬件厂商开放，合作方式为用微信服务号取代智能硬件App做数据管理，并强制引入社交体系。

BAT三巨头中，百度在智能硬件领域布局最早，从2013年开始，百度就已频频出手。与咕咚网联合推出“咕咚手环”，与映趣科技联合发布inWatch智能手表。推出包括小度Wi－Fi、小度路由和小度TV的“小度三件客”三款硬件产品，发布爱奇艺电视，基于百度云技术的Wi－Fi高清云摄像头小度i耳目，上线百度Dulife智能可穿戴设备官网，与京东合作创建“创新硬件开放平台”，研发无人驾驶自行车等等。

阿里巴巴的动作大部分则围绕家庭场景展开。阿里启动家庭数字娱乐合作计划，在硬件方面与合作伙伴推出更多产品，并接入阿里家庭数字娱乐生态。从天猫魔盒、天猫魔盘（随身Wi－Fi）、天猫魔筒（智能路由器）到天猫魔盒升级版1S。阿里巴巴还与美的合作共同构建基于阿里云的物联网开放平台，实现家电产品的连接对话和远程控制。2014年6月，阿里巴巴还推出alink物联网平台，将云计算、支付、电商等整合在一起，智能硬件创业者可快捷地采用上述资源推出产品。

除了 BAT，另一个大玩家则是小米。雷军喊出“让每个人都能享受科技的乐趣”口号，推出小米手环。对小米手环来说，小米把它定义为“身份 ID”，可以用它来解锁手机，将来可以在小米电视、小米路由器、智能家居环境中识别这个身份 ID，并提供定制化服务。比如带着手环走到电视旁，不仅亮屏显示你昨晚的睡眠，甚至根据你观看电视的历史纪录给你提供定制化的片单。

除了手环，小米在智能家居布局的野心更大。小米上游跟芯片厂商合作，拿原片来做封装，写入统一好用的嵌入式系统，再向硬件创业者、电器厂商提供近于免费的智能芯片，从而实现“硬件预装”，在成本几乎不增加的情况下，将现有硬件升级改造成智能硬件，加快物联网的进程。

和智能硬件趋势对应的正是如同“柴火空间”这样的创客崛起。

相较于过去的互联网创业时代的创业者，今天，创客开始更多地走上前台。“创客”特指有改变世界的梦想，利用数字工具设计，然后将现有的电子元器件进行组装，最终出产实物的硬件创业者。在被他们奉为《圣经》的《创客》一书中，《连线》前主编克里斯 · 安德森认为，“创客运动”将实现全民创造，推动新工业革命。而深圳正是创客眼中的理想之地。

在国际创客手中流传着一张“创客地图”，地图上所描绘的华强北，是全亚洲数一数二的电子元器件集散地，这里的元器件种类繁多，创客们可以以相对低廉的价格买到绝大多数想要的东西，助力自己的创意变成现实产品。华强北为世界范围内最具有创造力的人群提供创新平台，连全球最大的硬件创新孵化器 HAXLR8R 都从硅谷搬到此地。

在国外创客眼中的深圳：整个城市就是一家超大型硬件工作坊。在深圳鼓捣硬件，就像在一家有整个城市那么大的工作坊里肆意折腾。

在海外一个由两位前互联网创业者共同创建的以“帮助做软件的人做硬件”为主旨的博客 Hack Things 一篇文章中，这样形容他们眼中的深圳华强北：想象这样一家跟 Costco 超市一样大的仓库，里面堆满了全球电子供应链中你能想象到的任一部件。接着想象一栋六层大楼，每层都是这样。接着想象十栋这样的大楼。示波器、万用表、各种形状和大小的连接器、LCD 和 LED、发动机、电阻电容、数量繁多的 USB 线和一排排的铜带、焊剂和各种专业胶水，几百个摊位各自装备了成百种零部件，供你挑选。也许你从没见过一盘 PCB 组件装载的场景，但在华强北你每天都能看到。

今天，中国在智能硬件生产领域和过去的世界工厂有天壤之别。居于供应链中心的核心优势让身处中国的创客可以有足够快的迭代速度，快到其他地方，包括硅谷都无法想象。

这样的基础和优势正是当今智能硬件创新创业最好的土壤。如同前几年山寨横行时，众多手机公司聚集华强北一样，今天，这里开始悄悄聚集一群新兴的智能硬件创业公司。他们办公室就在华强北楼上。当工程师缺零件时，他们只要花 5 分钟乘电梯下楼，走 10 分钟路，再花 10 分钟在华强北电子元器件交易中心购买 LED 灯或者排线、电容等，然后再回到办公室，继续工作。当需要比较大批量的零件时，只需要一个电话，20 分钟左右，送货小弟会把这些东西送到工程师的办公室。这样的效率和配套在美国或者在中国其他地方都是无法企及的。

华强北是珠三角的电子产业集群的核心和集散地。这些红利，成为硬件创业团队的便利。在硬件创业的浪潮中，中国作为“世界工厂”的沉淀，以及在全球化浪潮中经受过锻炼的中小工厂的生产能力，此时显现出独特的优势。

华强北作为亚洲最大的电子元器件集散地，这里的元器件低价且种类繁多，你能以国外几分之一的价格购买到绝大多数你想要的电子元器件。种种便利，加起来就是时间上的节省，可以在国外产品迭代 3 次的时间迭代 8 次。在追求“快”的目标下，华强北有无可比拟的优势。

资本新局

纽约，这个坐落于美国东海岸的国际大都会，一直是世界上最重要的商业和金融中心，华尔街位于纽约曼哈顿区的南端，这条只有 500 米长的街道是美国资本市场和经济实力的象征，它影响和牵动着全球资本市场和全球经济。

资本的话题，在近几个世纪一直都是经济发展过程中一个核心话题。

在中国，资本对于诸多发展中的企业而言，是一个全新的困局。

因为香料贸易，产生了股票，进而出现了股票交易市场，为了规避风险进而产生了期货交易；从梧桐树下签署的第一份行业自律文件，到郁金香泡沫的诱惑；从南海骗局到旁氏骗局，到汉密尔顿的旋转门；从美国股票大战到 JP 摩根的诞生；从美元成为世界货币，到 1989 年日本资产泡沫破裂，日元的快速升值带来的“失去的 10 年”；从风险投资的产生，到英镑阻击战；从八佰伴的倒闭，到黑天鹅事件；从纽交所到纳斯达克；从峭壁边缘的华尔街，到华尔街的 3A 游戏。这是一系列资本的故事。

资本的话题，在近几个世纪一直都是经济发展过程中一个核心话题。

在中国，资本对于诸多发展中的企业而言，是一个全新的困局。

搜狐网 2014 中小企业网络生存状况调查报告显示：近几年，世界经济和国内整体经济情况复杂，中小企业更是感受明显，对于未来的经济走势，也显得非常谨慎。有 69.47%的企业表示，不会在未来一年里继续投入资金进行设备购买，企业扩张。18.12%的企业则认为，资金短缺、融资难限制了企业的发展。同时，在企业最担心的风险方面，资金方面的问题占比 22.69%。在制约企业整体发展的因素方面，缺乏发展资金占比 18.56%。

在大家都非常关注的中小企业融资难问题上，有 76.68%的中小企业认为贷款供应偏紧张，46.39%的中小企业认为资金周转困难。目前中小企业的融资渠道主要还是以银行贷款和民间借贷为主，占比分别为 34.29%和 33.97%。企业认为最大的问题分别是：利率水平太高占比 28.57%、缺乏融资渠道占比 25.81%、政府扶持政策缺失占比 22.93%、缺乏担保占比 18.17%。

对广大中小企业而言，近四成企业融资需求难满足。虽然中小企业对于国民经济举足轻重，但金融系统对其输血的积极性却一直不高。“中小企业融资难是一个世界性的难题。”工信部中小企业司司长郑昕表示，“我国中小企业除了融资难，更主要的还是融资贵问题。据调查显示，2014 年 9 月份，有融资需求的中小企业中，38.2%的企业融资需求不能满足，环比提高 0.5 个百分点。根据地区和行业不同，大部分中小企业的融资成本介于12%至18%之间。”这也就是说，中小企业每借 100 元钱，就会产生 12 – 18 元的利息等费用。

经济学家厉以宁指出：“虽然国家在加大力气让银行业发展对中小企业贷款，但民营企业诉苦说，中型企业指规模在 3000 人以下，而银行实际上把对中小企业的贷款都给了这些雇工 3000 人左右的企业，而对 300 人的小企业说‘指标用完了’，民营企业融资难确实存在。此外，民营企业最大困难是税费和公关成本。”

曾成杰案在今日中国民营经济的金融困局中，极具典型性，也是国家宏观调控房地产市场环境下，中小民营企业命运的一个缩影。在这样的国际金融风暴、国内宏观调控、中国的司法环境下，一个民营企业家失去了所有的财产，失去了生命。我们应该怎样避免这样的悲剧？湘西吉首房产开发商曾成杰，于 2013 年 7 月 12 日被长沙中级法院执行死刑。三级法院以国家司法权的名义，结束了一个民营企业家的生命。但是，围绕这个案件的真相，才刚刚开始被人们知晓，法律上的争议，也才刚刚开始。

曾案同吴英案一样，折射出了中国民营企业的三大困境：消灭限制私营经济的基础理论环境，公权用刑法手段强制剥夺私企财产的法律环境，高度垄断限制私营经济生存空间的金融环境。这三大困境，仅仅用微观的刑罚界限去解读，是无法找到答案的。

湖南一家名为衡阳兆基铜业有限公司的民营企业股东在微博上“自曝”一份给银行的送礼清单，其中包括办理贷款业务开支、银行考察开支、招待费用、某行长乔迁送礼、某行长住院送礼等，企业存续 5 年间共计 972 万元。（据《21 世纪经济报道》）

应当承认，民企贷款难，的确不算什么新鲜事儿，同样为了获得一笔贷款，民企不得不付出更大的代价，承受更高的贷款利率，甚至支付更高的隐性成本，这也是公开的秘密。其背后的成因显然与当下的经济结构以及银行体系有关。

国际国内经济发展形式严峻：经济增速下降、人民币大幅升值、生产成本高位运行、用工荒和加薪潮带来的人力成本增加；企业融资难上加难，企业效益大幅降低，企业利润总额大幅下降，亏损企业大幅增长，身边企业随时倒闭，企业经营如履薄冰；行业洗牌加剧，大量出现经营风险和生存危机；“滚雪球”的资本积累已经跟不上现代企业的发展速度；中小企业对中国经济的贡献很大，但融资却处处受限……企业的生态环境需要重塑。

公司资金总是非常紧张，能抵押的都抵押出去了，银行已经没法再给我贷款；尽管公司发展前景很好，可是传统银行和金融机构没办法再给我贷款，没有资金我的企业怎么发展；总是说我们中小企业对中国经济的贡献很大，但融资却处处受限……企业的资本模式需要重建。

企业的资本困境要如何破局？围绕资本的创新可以怎样颠覆现有的模式？深圳一家叫三合创业工场的机构采取非金融和金融相结合的方式，让中国民营企业在其创新的“三合成长生态系统”平台上能够得到全面成长。

三合创业工场（集团）有限公司是中国第一家民营担保公司，也是中国最大规模的担保公司中科智创业金融集团的升级版。张锴雍先生深感中国民营企业的融资难，几年前就创新性地提出“融资与融智”相结合的第四代人本融资模式，经过多年的实践运作，为众多民营企业提供了企业发展所需的资金。

三合创业工场一直以来在探索用“融资”和“融智”相结合的方法解决中小企业发展问题，推出了“人本模式”，在全国进行推广，并取得了良好效果。这种类似企业孵化的工程，不仅能够提高现阶段我国企业整体经营水平，而且将直接降低金融企业的经营风险。

企业主起早贪黑，整天电话接不停，客户见不完，公司里最忙最累的人是我，可员工根本无法理解，总是觉得我亏欠他们；企业主总觉得企业这么多年没进步，规划？战略？我知道重要，可我根本没时间去想，也不知道怎么去想：企业的商业模式需要重建。不知如何去发现新的利润增长点，如何去开拓新的业务，我也想把规模搞大，但规模大了还不如现在赚钱；总觉得公司产品、业务市场前景很好，应该有更快、更大的发展，却事与愿违，找不到快速增长的方法：老板的经营哲学需要重建。

人本模式帮助中小微企业持续塑造、优化企业的成长基因，创造企业健康、持续、卓越的生态；帮助企业家在新的企业生态环境下构建更加强大、健康、可持续的经营哲学；帮助企业家在三合人本模式的基础上，建立企业新的资本融通方式；帮助企业家优化完善企业商业模式的要素模型，商业模式创新与技术创新，商业模式与管理模式，商业模式与行业；帮助企业掌握企业商业模式梳理的工具、方法，并对自己的现有的商业模式进行诊断、分析和梳理，典型商业模式解析，商业模式突破路径；帮助企业重构适合新商业环境下的新商业模式。

这一模式帮助中小企业家在人本模式的基础上建立新的智慧资产，并在三合生态体系中获得人本融资与投资，在合拍在线、爱合投互联网金融平台获得快速便利的融资服务；帮助中小企业家建立人本商会、私董会等新的商圈，持续学习成长。

人本融资模式通过提升企业的智慧资产来提升企业信用资产，从而给企业一定的信用额度，主要以未来可持续发展的眼光和角度帮助企业了解和优化现有的理念、模式和管理，帮助企业以无形资产获得并创造无限价值，并在互联网金融平台上获得最快速有效的融资支持。人本模式自启动以来，共有数百名企业家参加，并分别通过合拍在线获得债权融资支持和通过爱合投获得股权融资支持。

■ 文化新天

物质总会枯竭，唯有文化生生不息。

我们一直在感叹，为什么中国出不了Google，出不了Facebook，但是很少人去想Google和Facebook背后的文化力量。

网上流传一个“最受中国人尊敬的公司”－－位于苏州的一家建筑公司。每天早晨6点半，被称为“波特兰小镇”的公司小区就有行政人员开始打扫卫生，室内清洁甚至达到了五星级标准。办公楼是一个大的咖啡馆，花草葱茏，氤氲着馥郁的咖啡香气。董事长和总经理没有单独的办公室，都在咖啡馆里工作。而分布在全国各地的建筑工地上，工人宿舍中“找不到一张扑克牌”，所有的工人被要求每天至少刷牙一次以上，勤洗澡勤换衣，最好常备口香糖。除了这些令人神清气爽的风貌，该公司还有令人心动的福利：公司给没有住房的员工提供免费宿舍；员工一日三餐在公司食堂就餐只需5元钱；自动贩售机里的饮料1元钱一罐；公司理发室提供5元／次的理发服务；鼓励员工学车，公司报销一半学车费用；领到驾照之后可以向公司借车使用，费用是20元／天；公司给所有员工都购买了商业医疗保险和商业养老保险。

该公司号称拒绝商业贿赂，“决不同流合污”。所有职工报销不需要领导签字，员工家有急事可以立即向公司借钱，借款额度高达十几万元。该公司只有一个销售员，为了保证质量，不得不推掉许多订单。公司的人员流失率很低，大部分员工都工作了5年以上，工作10年以上的也不少见。……看上去有点像个乌托邦，这是真实的企业吗?

这的确是一家真实的中国公司－－德胜（苏州）洋楼公司。公司成立于1992年，专门从事美式木制别墅建造。年销售额4－5亿元，员工不到1000人。目前，它占据了国内木结构别墅70%以上的市场份额，但始终固守本分，决不贪大求全，随便扩展业务。尽管国内房价“涨”声不断，但10多年来，德胜对客户的报价一直是4950元／平方米，纹丝不动。

老子《道德经》有云：知足不辱，知止不殆。持盈保泰，长生久视之道。

有了这样的心态，这家公司比那些急着要做大、引资、上市的企业优雅和从容了很多。它在自己的小世界里快乐地运转着，不慌不忙，诚实做事，琢磨着人性和管理的互动，自然而然成就了一家高尚的公司。

正是像德胜（苏州）洋楼公司这样的公司太少，才让人有乌托邦的感觉。

物质总会枯竭，唯有文化生生不息。

我们一直在感叹，为什么中国出不了 Google，出不了 Facebook，但是很少人去想 Google 和 Facebook 背后的文化力量。

Facebook 位于美国加州门罗帕克的总部由 11 座建筑物围绕着一个迪士尼样式的步行广场和双向人行路组成。在这个综合办公区里，有一家蛋糕店、一家烧烤店、一家木制品店、一家打印社和一个拱廊市场。此外，还有两家自助餐厅、一家甜品店、一家墨西哥饼店、一家汉堡店、一家匹萨店、一家碎丁沙拉店和三家小餐馆。对于 Facebook 员工来说，这里所有的服务都是免费的或者由 Facebook 提供补助的。

“黑客马拉松”（Hackathon）是 Facebook 的经典活动，员工们整晚都沉浸在编程的世界里，天马行空地寻找新的创意，构想新的项目，其时间轴（Timeline）的想法就是在之前的活动中诞生的。没有谁怀疑，是 Facebook 将互联网领入了社交时代。人们喜欢探究如此颠覆性的创新产品源于哪里？那个贴满 Facebook 办公室每个角落的“Hack”字样给了我们答案。最具特色的张贴标语包括“冒风险让我感到充满活力”，以及“如果不害怕，你还能开发出什么？”等等。其中的精髓完全出自扎克伯格自己的信条：“我们的旅程才完成了 1%。”

创新是对未知的探索，是一个不断试错的过程。要创新就会有失败，鼓励创新就要宽容失败。每一次成功之前，可能会经历很多次失败。钱学森在论述科学发展规律时说：“正确的结果，是从大量错误中得出来的，没有大量错误做台阶，就登不上最后正确结果的高峰。”因此，创新需要有包容的制度、文化和环境做保障。

“企业文化”被管理界所关注，始于 20 世纪“日本式管理”的崛起。“企业文化”被中国企业所关注始于 20 世纪 90 年代初期，“惠普之道”“IBM 就是服务”这些跨国企业的企业文化，曾引起众多国内企业追捧。经过 20 年的管理实践，中国也已有了极个别“文化个性”鲜明的企业，如华为、海底捞等，但是揭开“浮华”，避开“喧嚣”后，我们看到的绝大多数企业“核心价值观墙上贴，员工行为在地上爬”，企业所倡导的文化理念和管理现状、氛围大相径庭－－责任不清，互相推诿；拉帮结伙，排除异己；任人唯亲，假公济私；善于做人，乏于做事……

美国卓越企业领袖如郭士纳、杰克·韦尔奇、拉里·博西迪等，在对其文化管理实践进行总结时，都把成功关键归纳为执行文化及高绩效文化的建设；而纵观中国一流企业如华为、联想等的文化管理实践，正是强执行文化、高绩效文化成就了他们今日的“江湖地位”。如果华为没有“艰苦奋斗、自我批判、团结协作、以客户需求为导向”的价值文化，海底捞员工没有“双手改变命运”的信念，相信这些企业肯定不会取得今日的成就。

“企业文化管理”因为通过塑造员工行为习惯，来实现“无为而治”的管理，而被称为“管理的最高形式”。

现代企业包含两部分资产：有形资产和无形资本。对于现代企业来说，以文化为代表的无形资本的重要性已经远远超过了有形资产，决定着企业未来的竞争力。

文化是企业无形资本的重要组成部分。强势文化是企业成长的基石，文化决定了企业拐点期成长的方向。

企业创立的文化如果符合企业的特点，就会在运行中创造出协同效应，使工作流程顺畅，沟通便利，办事效率提高，可以有力地抵御风险的侵袭，引导企业跨越拐点，走上上升的轨道；相反，如果企业创立的文化与企业的特点不适合，就会使工作流程变得复杂，沟通发生困难，办事效率降低，无力抵御风险，在风险面前一蹶不振。

企业成长中的拐点阶段是指企业成长到一定阶段后，会出现一个大的转折点，在这个转折点之后，企业要么急骤上扬，要么陡然衰落下去。在跨越企业拐点期的过程中，文化起着重要的作用，它决定着企业拐点期后成长的方向。

今天，企业文化对企业经营管理的作用不再是简单的倍数关系，而是指数关系。优良的企业文化可以加速地促进企业目标的实现，而不适合企业经营实际的文化会加速地促进企业的衰亡。

回到企业层面：企业总是在匆忙紧张地去追踪下一个大事物。所以企业需要掌握一些技巧让员工始终充满活力与创意，从而有足够的敏感去捕捉灵感。

让员工快乐工作，是科技公司的成功之道。

我们来看下以下这些公司都有什么小窍门：

纽约的设计工作室 Sagmeister & Walsh 每七年会关店一次，一次就是一年。这一年会让所有员工歇下来，重新进行一些创意性的展望。设计师 Stefan Sagmeister 在 2009 年的 Ted 演讲上曾经向大家展示了他们歇息的创意成果。

Google 有著名的 20%时间。Google 允许员工把日常工作的 20%时间分配给他们自己感兴趣的事情。最著名的成果，就是 Gmail 了，这个产品正是从这 20%时间得来的。

Google 另一项让员工放松的方式是邀请各种名人来总部做演讲，包括各类作家、艺术家、社会活动家等等，比如 Lady Gaga。这个项目叫 @ Google Talks。公司说，该项目宗旨是“让我们的大脑学习、成长、思考”。

跟 Google 一样，HubSpot 是另一个以伟大公司文化出名的企业。它是家互联网营销公司。它在管理上的一个特点是，允许任何员工临时加入其他团队，一起待一段时间。这样非常有利于跨部门沟通。

事实上，3M 的 15%工作时间的创意早于 Google 好多年。早在 1974 年，3M 的一个科学家 Art Fry 就用他 15%的工作时间，创造出了 3M 公司的标志性产品：便利贴。微软呢，则是用盖茨的办公室去激励人。微软把比尔 · 盖茨的老办公室改造为一个称作“车库”的地方，堆满各种电子玩具。员工们可以去那儿找灵感与放松。微软每两年还会开一个科学博览会，展示员工们在业余时间做的各种项目。

IBM 会召开线上创新脑力大激荡，叫“Jams”。自 2001 年起，IBM 每隔 3 年会举办这种活动，花 3 天时间邀集几乎所有员工，包括各个阶层，有时候甚至包括客户、员工的家人都可以来畅所欲言，进行在线头脑风暴，解决一些人类共同关心的议题，或是写下任何关于创新的想法。其中 2006 年那次最壮观。IBM 组织了 104 个国家、67 家客户公司的 15 万名人在线上激荡脑子，讨论了 10 个最新创意，IBM 投了 1 亿美金。这些项目包括智能健康支付系统，还有 3D 互联网。

软件开发商 Asana 则用食物让员工充满创意。在办公室，有一个商业化厨房主，大厨随时待命，提供各种健康有机食物，让员工充满能量又不进食那些过高热量的东西。

旧金山的票务公司 Eventbrite，其办公室有一个禅室，用昏暗的灯光为员工打造一个可以冥想、静思的场所。

Yammer 则搞了一个奇装异服黑客日。这是一个可以让员工穿着各种古怪服装、24 小时写代码的活动。

而软件公司 Git Hub，则会每月选出一个国王或王后，去承担客户支持工作。通常这个工作在其他公司里都是初级员工干的活，而让一个资深程序员去做这个，他会看到一些用户关心的痛点，从而激发创意与灵感，去快速解决问题，或者做出好玩的东西来。

第三章　道

道可道，非常道。

■ 颠覆时代

罗马帝国的崛起是通过在布匿战争中打败原有的霸主迦太基而完成的，英特尔的崛起是靠击败老牌半导体公司摩托罗拉而实现的。

在我们熟悉的周围，一个时代有一个时代的王者，而上一个时代的王者在辉煌之后又总是以令人唏嘘的姿态被后来者颠覆。比如，曾经的王者诺基亚、摩托罗拉、微软……

这个时代，是善于颠覆的人拥有未来，而不是循规蹈矩的人拥有未来。我们必须拥抱变革，直面变革。

互联网对传统产业的渗透、改变乃至颠覆，似乎无处不在、无孔不入。互联网时代存在极大的不确定性，不是通过过去可以预测未来的。互联网本身的逻辑就是颠覆和自我颠覆的概念，它需要靠想象力去创造出这个世界未曾有过的东西，才能实现它的成功之路，所以互联网是很难通过过去对未来实现推演的。你所有对互联网的了解的知识，对于未来可能都会增加你的负担而不会成为你的积累。这是另外一个维度的东西，我们只能尝试去推演，但是推演的结论基本上很难一定是正确的。

互联网通过工具建立一种生态、模式。这样的世界里，互联网本身作为工具影响人类生活可能只是优化改良的概念，但是通过工具形成的一种思维方式或者一种模式，则对人类生活的影响很大。

互联网首先消灭了中介。没有互联网之前，基本不太有双边市场。我们原先最早的双边市场是房产中介，卖房子，买房子，大家到房产中介挂个号，再做匹配。效率非常低，因为信息数据不够大，很难进行，但也是一种生态。互联网的最大优势，就是让两边信息海量增加，使得你自己寻找，自我匹配，就有了现实的可能性。互联网是技术催生的，但是对金融业有影响。目前可以看到很多这种业态。

互联网打破了层级制。原先我们一直讲，怎么论定一个人是人才，小学考高中，高中考大学，大学考博士。毕业了，他就是人才了，就可以做官了。我们古代最有名的两个秀才，一个叫洪秀全，一个叫黄巢，都是落第秀才，但是他们一个搞残了清朝，一个搞死了唐朝，都是极有能力的人，为什么就落榜了呢？因为层级制的社会是非能力认定结果极大影响对一个人的评定，方式单一，且逐级认定，最终导致大浪淘沙也毁真金。

大家经常说，乱世出英雄，为什么呢？我们很多开国皇帝基本都是流氓地痞出身，在正常的层级制社会里基本都在牢里，但是因为乱世把层级制打破了，很多底层人物就能脱颖而出了。这种更多是能力论定结果，原先被屏蔽在外的人才有了更多脱颖而出的机会。互联网在这方面呈现出对人才认定方式跟传统的不同，而是更注重实战的结果，而非过去过程的认定。本质并非是去精英化而只是对精英的认定不同，同时还表现为互联网加快了精英的更新换代的折旧速度，跟不上时代就被淘汰。

比如《中国好声音》，很多选手都不是音乐学院毕业的。还有很多投资天才，像徐翔，人家高中毕业，干得多好。这些人都是市场里打拼出来的人，绝对不是一个统一体系选拔的结果，互联网给这些人更多机会。互联网时代，更多是一个去权威的概念。以这些人为核心，从而蚕食和分化了单一化的东西。

以互联网为思维方式，整个时代都面临颠覆的命运。

在我们熟悉的周围，一个时代有一个时代的王者，而上一个时代的王者在辉煌之后又总是以令人唏嘘的姿态被后来者颠覆。比如，曾经的王者诺基亚、摩托罗拉、微软……

在我们的成长道路上，有很多东西陪伴着我们，但它们正在逐渐消失，比如，曾经作为很多人手机启蒙的诺基亚，许多人的第一款手机，可能是诺基亚 3210 或是 7250。

诺基亚，曾经的手机帝国。

如今，这家芬兰手机公司，已经变成了“美国国籍”，其设备和服务业务已经被微软完成收购。在加入 Windows Phone 阵营之后，曾经的芬兰手机巨人落到了美国软件巨鳄手中。

诺基亚总部位于芬兰赫尔辛基的 Espoo，但如今这个工业园已经不属于诺基亚，手机巨人已经成为一个“租客”。虽然移动部门已经被微软收购，但电信基础设施业务、地图服务、先进技术部分仍属于诺基亚。这家拥有 150 年的电信业务公司，最初创业时却是以橡胶项目起家。

在 1992 年约玛 · 奥利拉（Jorma Ollila）被任命为 CEO 之前，诺基亚公司的业务可谓是一团糟，正在谋求从橡胶加工转型为纸品供应商。然而，约玛·奥利拉坚信电信业务充满未来，所以在他的领导下，诺基亚逐渐抛弃了橡胶、电缆等业务，将重心放在 GSM 无线技术的发展上，最终成功建立了自己的内部制作供应链，开始生产手机。

在手机行业十分落后、分散的情况下，诺基亚是第一个放眼全球市场的公司，并建立了良好的营销机制。你会在电影《黑客帝国》中看到诺基亚手机，高端产品的发展也越来越好。最终在 1998 年，诺基亚取代手机发明者摩托罗拉，成为了世界上最大的手机制造商。

此后的 10 年间，诺基亚一直处于移动领域的顶峰，“你一眨眼的瞬间，就有 4 部诺基亚手机卖出”成为诺基亚黄金期的经典案例。但从 2004 年开始，诺基亚开始经历不同竞争对手的冲击，虽然仍处于顶峰，但其顽固地拒绝改变，为日后的衰落埋下了隐患和伏笔。

在以 72 亿美元将手机业务卖给微软之后，诺基亚这个品牌暂时要和我们说再见了。2014 年 10 月下旬，微软官方正式宣布所有 Lumia 手机的 Logo 将由“NOKIA”变为“Microsoft”，此外所有官方社交媒体、渠道也都遵循这一改名规则。在 Twitter 上和大家告别之后，诺基亚官方新浪微博账号也发声了。

2014 年 11 月 5 日，在经历了被微软收购，北京公司解散之后，诺基亚在官方微博发布了告别寄语，诺基亚称：无数个日日夜夜，无数的喜怒哀乐，这里的一切都有你的陪伴，我们即将更名为微软 Lumia，要说的话有很多，最想说的是感谢大家一直以来无尽的鼓励和支持。Lumia 的产品还在你身边，Lumia 与你的精彩故事还在继续，你愿意和我一起加油吗?

诺基亚历史上有两次成功转型：100 多年前靠木材、橡胶起家的诺基亚，在 20 世纪中后期毅然卖掉传统业务，跳到电子领域生产电视机。20 世纪 80、90 年代，诺基亚又卖掉已经做到欧洲第二的电视机业务，涉足全新的移动通信领域，并一举做到全球最大。

但诺基亚最终输给了趋势和时代。在 2013 年底，手机领域昔日全球老大、市值曾位居全球上市公司之首的诺基亚，区区 72 亿美元出售了旗下最核心的手机业务，这一售价还不足当年辉煌时期公司上千亿美元市值的零头。

诺基亚还有点恋恋不舍的告别，与它同命相怜，同样遭遇卖身之痛的摩托罗拉却似乎很调皮。在诺基亚发布该条公告之后，摩托罗拉官方回复几个字："再见诺基亚，Hello Moto~"既有鄙视，又不失卖萌。

表面上得瑟不已的摩托罗拉其实一样对未知的未来充满疑惑。摩托罗拉是一家有着近90年历史的伟大公司，但最终却被历史的潮流所打败。在被因特尔击败之后许多年，2011年8月15日，Google以125亿美元收购摩托罗拉移动部门，2014年1月30日，联想集团以29亿美元的价格从Google手中收购了摩托罗拉移动。2014年10月30日，在经历了长达九个月的等待之后，联想以29.1亿美元的价格完成了对摩托罗拉移动的收购。摩托罗拉并没有败在技术和资金上，而是败在趋势。

微软收购了诺基亚，但也许未来微软本身依然逃脱不了被颠覆的命运。

成立于1975年的微软，如今亦已到了四十不惑之年。遗憾的是，在移动互联网领域，昔日的"桌面霸主"微软却没有抓住时代。昔日巨头以为自己代表了产业方向，却忽视了颠覆性创新的萌芽。"微软离破产永远只有18个月"，这句话曾是比尔·盖茨用于激励员工不断进取的经典名言。不过，在移动互联网浪潮的冲刷之下，微软已然被颠覆，留给微软的机会并不多，戏言分分钟演变为现实。

过去10多年中，微软一直是IT行业中对研发投入最多的公司之一，早在微软研究院成立的前10年，就投入了超过80亿美元的资金。靠着Windows系统、Office软件等拳头产品，微软取得了市场上独一无二的垄断地位。刚刚过去的微软2014财年公告显示，目前全球仍有大约90%的企业桌面运行Windows 7或Windows 8。

不过，让微软雄霸一时的PC时代终于要结束了。根据IDC提供的数据，2013年的智能手机市场，Google的Android市场占有率为78.1%，苹果iOS的市场占有率为17.6%，排名第三的Windows Phone市场占有率为3%。也就是说，在决定移动互联网前途的生死大战中，微软的手机操作系统几乎没有存在感。已离开微软的张亚勤曾吐槽，微软的移动技术是起了个大早，赶了个晚集。实际上微软是最早做平板电脑的企业之一，15年前也已经开发可穿戴手表了。而10年前，在没有安卓和iOS等竞争对手的时候，微软的手机操作系统曾辉煌一时。过去几年在移动互联网错失了诸多良机，但巨人还有追赶的机会，如今微软下力气投入研发，也是希望能够利用技术赢得翻盘。

■ 自我颠覆

周鸿祎用 360 免费杀毒颠覆了行业，也使自己的用户突破了 4 亿。

腾讯用微信颠覆了 QQ，为自己拿到了一张移动互联网时代的船票。

这是曾经和正在发生的颠覆。

颠覆和自我颠覆是互联网的常态现象，它每天都在颠覆和自我颠覆。人类进化的过程，就是搞死人家的过程，搞死人家，你就进化了。所有人都搞死了，你也进化不了了，因为你不知道搞谁了。互联网技术一直在颠覆和反颠覆中前行，颠覆是大势所趋，而被颠覆的个体要么是顽固坚守，失去市场，要么是及时改良，成为颠覆一方的新力量。

微信颠覆了很多东西，但微信最先颠覆的是 QQ，而 QQ 正是腾讯的核心。为什么会推出微信来颠覆自己？小马哥曾经不无庆幸地说，如果不是腾讯做出了微信，而是其他企业，那腾讯会是怎样的情况？第一个被微信干掉的是谁？显然，自我颠覆远比被人颠覆好。

有一个比喻非常好：鸡蛋从外面打破只是人们的食物，但从内部打破就会是新的生命。对海尔来讲，需要的就是从内部打破，即自我突破、自我颠覆、自我挑战。

海尔是一个自我颠覆的典型案例。

2015 年 1 月 8 日，海尔举办了一场关于互联网模式创新的国际研讨会，纪念创业 30 周年。来自美国、瑞士的几位国际知名管理学家们高度评价海尔的率先变革。一年多来，这个传统家电厂商被众多观察者质疑而好奇地研究，被竞争对手们冷眼而警惕地观望，其彻底颠覆传统科层制管理模式的“全员创客”式改革，在全球商界都被视为“吃螃蟹者”。截至 2014 年底，海尔集团共成立了 212 个小微公司。作为中国最大的家电制造企业，海尔放弃制造和品牌优势，能否转变成一个链接全世界资源、人力、技术和用户的对接平台？作为中国最大的集体所有制企业，海尔进行脱胎换骨的管理体制变革，全员创业，能否真正激发人的创新活力？这个问题让所有关注这场变革的人期待。

20 多年来，海尔在传统企业领域一直就是一个标杆，而到了互联网时代，海尔并没有消沉落寞，反而继续发力，引领了互联网时代的自我颠覆。

2014 年 6 月 14 日，海尔集团首席执行官张瑞敏在沃顿商学院全球论坛发表演讲，以海尔自身的转型试错为样本，探讨互联网时代的商业模式创新。

在瞬息万变的互联网时代，那个以两个穿短裤的小男孩和冰箱闻名的海尔悄然改变了过去人们心中的那个印象。海尔经历了从组织、战略到薪酬体系的全方位变革，一种崭新的商业形态正在海尔创造。今天，这家数万人、300 多亿元规模的企业，从卖产品到卖服务，开始着自我颠覆。

张瑞敏说，企业就像冲浪者，今天冲上这个浪尖，并不能保证明天还在浪尖上。如果你跟不上时代，就会被淘汰，这是非常快的。特别是在互联网时代，可能会被彻底地颠覆。互联网时代的零距离、去中心化、分布式管理的特点，让有着 200 年传统的古典管理理论不再适用，改变了生产线、组织架构关系和资源部门的配置。

互联网时代让传统制造企业必须重视消费者，化身服务型企业，而海尔正从制造型企业转型为服务型企业。其变革包括创新商业模式，以服务卖产品，以产品卖服务；通过成熟产品生产的尝试性外包，打造“轻公司”。

张瑞敏提出颠覆三大观念：第一，颠覆用户观念。过去是先生产再销售，现在是先找用户，根据用户的需求去生产。第二，颠覆营销观念。从卖产品转变到卖服务，广告促销变成网络营销、口碑营销。第三，颠覆制造观念。现在是大规模定制，根据用户个性化需求制造。

在这种观念的指导下，海尔电器已经从传统的“以企业为中心卖产品”转变为“以用户为中心卖服务”，即用户驱动的“即需即供”模式。海尔电器战略定位于成为互联网时代虚实融合的综合渠道服务商。“虚网”即互联网，“实网”即营销、物流、服务网络。“虚网”了解用户需求，“实网”送达用户满意。

在互联网迅猛普及的当前，海尔敏锐地觉察到互联网对传统商业模式的冲击，为顺应时代潮流，全面拥抱互联网时代，海尔做出了大胆的自我颠覆和探索。

2014 年 7 月 4 日，苹果首次推出 Honekit 应用，海尔作为全球家电产业唯一进入苹果“智能家居”生态企业链，其开发的 U+ 智慧操作系统，不仅可以与苹果的 HomeKit 实现兼容，还可以以开放姿态实现与其他品牌、终端的兼容。

为了适应互联网时代的发展，海尔进行了战略颠覆，创新“人单合一双赢模式”。“人”是员工，“单”是用户资源，“双赢”则是让员工在为用户创造最大价值的同时得到自己的最大利益。这种模式颠覆了原先的层级战略和流水线战略，将组织结构从“正三角”颠覆为“倒三角”，所有人只对应一个上级：用户。通过一线员工自创新、自驱动、自运转，主动获取用户需求，并以最快的速度满足用户需求。

海尔现有8万多名员工，在这个模式思想指导下一下子变成了2000多个自主经营体，一般最小的自主经营体只有7个人。自主经营体改变了原来学习日本企业所建立的事业部制，其本质是打破传统的层级结构，中间层级全部取消，变成资源支持平台。

目前，海尔有三大企业平台：一个是“智慧家庭平台”青岛海尔（600690.SH），将实现从产品硬件到解决方案的转型；一个是“价值交互平台”海尔电器（01169.HK），将实现从制造向服务的转型；第三个平台则为“创新孵化平台”海尔集团，从制造产品向制造创客转型。

海尔把集体企业不用上交的利润，拿出一部分来搭建创业孵化平台。每个员工都可以在平台上创业，获得集团的孵化基金；同时，在成立小微公司并获得风投以后，每个创业者自己也可以持有小微公司的股份；而一些基于原有产业转型而来的小微公司，大都产生于海尔的两大上市公司，这些创客们可以在小微做到一定规模后，获得上市公司的期权激励，最终转化为自己的股权。

海尔的组织变成很多的自主创新的小团队，在海尔现在只有三类人：第一种是“平台主”，他的单是快速配置资源；第二种是“小微主”（小微即小微企业，每一个创业团队就是一个小微）；第三种人是“小微成员”。这样一来大家都面向市场，原来的金字塔结构被扁平化了。原来的金字塔压扁了，员工没有领导了，过去听上级的，现在听用户的。

海尔把“墙”都拆掉之后，海尔变成了一个个创业团队。经过一年的小微化改革，2014年，海尔集团在册员工从上年的7万人降到6万人。但海尔通过平台化，为社会提供就业机会超过100万，其中9万车小微提供18万就业岗位，3万个店就提供了30万就业机会。

■ 自造危机

孟子云“生于忧患，死于安乐”。

马丁·科尔在《最伟大的力量》一书中说：“每个人都拥有一种伟大而令人惊叹的力量。只是有的人善于挖掘和发挥这种力量，而有的人一辈子也挖掘不出。”

两个人在森林里遇到了饥饿的老虎，拼命地跑，到了实在是跑不动时，跑在后面的那人说：老兄，给老虎吃了是个死，咱这样跑也是个累死，不如停下来，听天由命吧。前面那人边跑边说，不行啊，我得跑，我跑不过老虎，我跑得过你啊。这个寓言告诉我们，在危机关头，跑在最前面的生还概率最大。在21世纪，没有危机感才是最大的危机。面对危机，坐以待毙肯定是死路一条，唯有相信自己顽强拼搏，走在最前列才能有继续走下去的机会。10多年前，谁能想到互联网会发展到如今这样的程度，线上交易几乎能颠覆传统卖场。而彼时能够不断进取创新走在最前列的企业，也终于扛过了压力，迎来了曙光。正如之前手机行业霸主诺基亚一样，在智能手机的潮流中，由于自己的研发过于自封，错失众多的机遇，最终走在了最后面，不得不被后来居上的一系列对手所干掉。

俗话说：有竞争才会有压力，有压力才能挖掘潜力，发挥潜力才有了高效率和高回报。二战结束以后，日本在战争的废墟之上，仅用了二三十年时间，就实现了经济高度成长，迅速崛起而成为世界第二经济大国。其间，日本一群优秀的企业家带着他们的团队，以其雄厚的实力和独特的经营方式，取得让世人为之惊叹不已的巨大成功。本田就是一个非常好的例子。本田高层领导清楚地认识到，由于工作长期固定不变，企业中有些员工多少会产生惰性，缺乏一定的敬业精神、必要的战斗力和竞争力。如果维持这种消极状态，就会严重影响公司的整体发展。其实这些员工并非庸才，只是在疲劳期时缺乏一定的活力。所以本田公司每年会从外部“中途录用”一些年轻有为、实力强的人才，让这些人才充分发挥他们的聪明才智和过人学识，来调动一般员工工作的积极性和主动性。因为只有外来的压力，才能让员工感受到竞争气氛，才会有紧迫感和忧患意识，才能使员工充分认识到面临的困难，积极调动员工学习各种技能的主动性，使员工洋溢在学习干劲足、创新意识强的工作氛围中。

成功的企业大佬总是时刻不忘危机。比尔·盖茨说："微软离破产永远只有18个月！"李嘉诚说过："风和日丽的时候，假设你驾驶着以风推动的远洋船，在离开港口时，你要先想到万一悬挂10号风球，你怎么应付。我会不停研究每个项目要面对可能发生坏情况下出现的问题，所以往往花90%考虑失败。"柳传志说："你一打盹，对手的机会就来了。"张瑞敏说："一个伟大的企业，对待成就永远都要战战兢兢，如履薄冰。"

任正非，全球最大的电信设备商－－华为的创始人。在外界眼里，他不仅是掌舵15万员工的成功企业家，更是商界领袖膜拜的灵魂人物。

马丁·科尔在《最伟大的力量》一书中说："每个人都拥有一种伟大而令人惊叹的力量。只是有的人善于挖掘和发挥这种力量，而有的人一辈子也挖掘不出。"任正非就是善于发掘自己的这种力量并很好地把它运用到工作中去的企业家。因此，他把华为推上了国内高科技企业无法到达的高度，华为的崛起也向人们展示了任正非的这种能力和胆识，尤其是潜在的危机管理意识。

在华为近30年发展历程中，始终保持的危机意识让它一直屹立潮头。

任正非一次访问日本归来，体会到日本经历过大萧条处境，他自行撰述的一篇文章《北国之春》中描述华为的处境："华为像一片树叶，有幸掉到了这个潮流的大船上，是躺在大船上随波逐流到今天，本身并没有经历惊涛骇浪、洪水泛滥、大堤崩溃等危机的考验。因此，华为的成功应该是机遇大于其素质与本领。"

任正非说："什么叫成功？是像日本那些企业那样，经九死一生还能好好活着这才是真正的成功。华为没有成功，只是在成长。华为经过的太平时间太长了，在和平时期升的官太多了，这也许会构成我们的灾难。泰坦尼克号也是在一片欢呼声中出的海。"

在任何一个华为值得鼓掌的关头，任正非都是采取这种当头棒喝的做法，让每个华为人头脑清醒。因为他也知道天道循环的道理，生与灭其实只在一线之间，唯有如此，华为才能在未来更多的挑战中找到下一个惊喜。

2000年，华为销售额达220亿元，并以29亿元的利润居国内行业之首，因深感美国 IT 业泡沫消退的危机，任正非于当年 10 月撰写了 2001 年十大管理要点，并指出华为或将面临最困难的一年。那时的任正非已经认识到内部管理在华为前进中的巨大影响，并将这一影响转化为危机意识传递到了基层。第二年华为便在深圳蛇口风华影院召开千人干部大会，任正非逐条讲解管理要点，此后有了名声大噪的《华为的冬天》一文。

在更早的 1996 年 1 月，华为发生了一件被内部人称为“惊天地、泣鬼神”的大事－－市场部集体辞职。当时，华为市场部所有正职干部，从市场部总裁到各个区域办事处主任，所有办事处主任以上的干部都要提交两份报告，一份是述职报告，一份为辞职报告，采取竞聘方式进行答辩，公司根据其表现、发展潜力和企业发展需要，批准其中的一份报告。在竞聘考核中，包括市场部代总裁毛生江在内的大约 30%的干部被替换下来。表面看来，这是华为市场部的一次重大人事变动，而任正非的真实用意，却更加深远。

创业时期的华为，依靠的是一群“土狼”的拼命精神。那时的华为，员工基本上没有休息日，晚上加班更是非常平常的事。1995 年，随着自主开发的 C&C08 交换机市场地位的提升，华为的年度销售额达到了 15 亿元，标志着华为结束了以代理销售为主要盈利模式的创业期，进入了高速发展阶段。创业期涌现的一批个人英雄，随着公司业务的转型，许多已经无法跟上企业快速发展的步伐。企业管理水平低下的问题，也逐渐暴露出来，成了制约公司继续发展的瓶颈。正如任正非所说：“华为初期的发展，是靠企业家行为，抓住机会，奋力牵引，而进入发展阶段，就必须依靠规范的管理和懂得管理的人才。”

华为当时所面临的，其实是整个中国社会面临的一个普遍问题：官只能越做越大，工资只能越升越高。免掉或降低职位，都意味着彻底的失败。因此，选择什么样的变革模式，尽量减少对人们心理所造成的冲击，是解决问题的关键。集体辞职，让大家先全部“归零”，体现了起跑位置的均等；而竞聘上岗，则体现了竞争机会的均等，这种看似“激烈”的方式的背后，实际隐含着的是一种“公平”。

那一次“集体辞职”在华为发展史上意义深远。2000 年 1 月，任正非在“集体辞职”4 周年纪念讲话中，对那次历史事件给予了高度的评价：“市场部集体大辞职，对构建公司今天和未来的影响是极其深刻和远大的。任何一个民族、任何一个组织只要没有新陈代谢，生命就会停止。如果我们顾全每位功臣的历史，那么就会葬送公司的前途。如果没有市场部集体大辞职所带来的对华为公司文化的影响，任何先进的管理、先进的体系在华为都无法生根。”

在中国，还有一个成功的企业，同样是自造危机的典范。

“当我们愉快地享受着不打卡的自由，穿拖鞋上班的宽松文化，股价高企给每个人多多少少的骄傲的同时，我们不要忘了，百度永远离破产不到30天！”这是百度李彦宏发表在百度内刊《简单》上的一篇文章，和任正非的《华为的冬天》有着一样熟悉的笔调和风格。

李彦宏一直信奉“百度离破产永远只有30天”，2012年底，百度内部一次李彦宏面向经理层进行的战略沟通会上，李彦宏做了一场主题为“物竞天择，适者生存”的演讲。他说，2012年，中国宏观经济低迷，用户的搜索行为从PC向无线迁移的速度加快，外部产业环境的变化就像天气变化，而天气变化会导致恐龙灭绝，只有那些适应新环境的物种才能生存下来。在李彦宏看来，这家堪称IT巨人的大公司已经患上了“恐龙病”，它的迅速反应能力正在钝化，它的创新活跃度也在降低。百度已经站在了变革的十字路口。

自2010年Google退出中国之后，百度突然一下没有了竞争对手，所有有利的条件都在百度优异的业绩中反映出来。但这两年，整个宏观经济比从前慢了，传统产业有了困难，而IT产业，尤其是百度用户，消费习惯和使用习惯迅速发生变化。用户的搜索行为从PC向无线迁移的速度非常快，快于百度的预期，这些因素对百度的业绩产生了不利影响。近有奇虎360在搜索领域的诡异突袭，中有淘宝在广告领域的赶超，远有移动互联网迟迟破不了局。这些危机虽非火烧眉毛，但如若不让百度80后、90后的北大清华毕业生从“李彦宏跳华尔兹”“年会度娘舞”等靡靡的小资情调中清醒过来，“百度离破产永远只有30天”的警告不是妄言。

李彦宏自认为百度已经患上“恐龙病”。早期的百度，条件比较恶劣，有敏锐的嗅觉，能把工作做到全世界最好；而经过很多年长得很大，反而贪图舒适的生存环境，反应变慢，一旦环境变化、竞争变化，这是可怕的。

百度将如何适应新的环境？李彦宏提出“狼性之说”。李彦宏清楚百度的根本问题其实就是狼的问题，他自己首先要变成狼，以二次创业的心态，重新定位自己的角色，将整个企业的狼性文化真正激发出来。他提出百度要勇于自我否定，主动引导用户更早往移动业务迁移，而不是拼命维持现状，把用户留在 PC 上，同时要加大在新业务和创新方面的投资。执行上，要鼓励锐意进取、嗅觉敏锐的“狼性”，淘汰悠闲的“小资”，减少管理层级和会议，提升效率，让公司的使命和文化高于 KPI。

在狼性文化指引下，2014 年的百度狼性十足：2 月份开始百度更新了搜索引擎算法，3 月份百度大数据走红互联网，6 月份百度开始加大力度清理新闻源，7 月份百度开始清算影音站点，8 月份百度推出移动端冰桶算法，9 月份百度在“2014 百度世界大会”上推出“企业直达号”引爆 20 大战。与此同时，百度在广告联盟和搜索引擎方面也是创新不断。百度的搜索界面有了很大改变，越来越人性化和简约化，同时百度也推出了急速搜索模式。百度在智能设备方面也开始崭露头角。百度最新智能可穿戴设备 Baidu Eye 在“百度世界”大会上正式发布，百度拥有十几座云计算中心，其中一座的造价达 47 亿元。

■ 管理新篇

杰克·韦尔奇（Jack Welch）被誉为“最受尊敬的CEO”“全球第一CEO”“美国当代最成功最伟大的企业家”。但杰克·韦尔奇的辉煌定格在1997年之前。

1997年之后乔布斯回归苹果，至今想来，他在那一年说的两句话和做的一件事，推动了这个星球进入移动互联网时代及影响了后来的各种思维、思潮和管理方法。

杰克·韦尔奇(Jack Welch)，通用电气(GE)董事长兼CEO。1981年4月，年仅45岁的杰克·韦尔奇成为通用电气历史上最年轻的董事长和CEO。从入主通用电气起，在20年间，他将一个弥漫着官僚主义气息的公司，打造成一个充满朝气、富有生机的企业巨头。在他的领导下，通用电气的市值由他上任时的130亿美元上升到了4800亿美元，也从全美上市公司盈利能力排名第十位发展至位列全球第一，成为世界第二的世界级大公司，他于2001年9月退休，被誉为“最受尊敬的CEO”“全球第一CEO”“美国当代最成功最伟大的企业家”。如今，通用电气旗下已有12个事业部成为其各自的市场上的领先者，有9个事业部能入选《财富》500强。韦尔奇带领通用电气，从一家制造业巨头转变为以服务业和电子商务为导向的企业巨人，使百年历史的通用电气成为真正的业界领袖级企业。他所推行的“六西格玛”标准、全球化和电子商务，几乎重新定义了现代企业。

15年中，国外企业家中能够被中国企业家上升到“明星”程度来追捧和崇拜的只有两个人，一个是比尔·盖茨，另一个就是杰克·韦尔奇。前者是因为创造的财富，后者则是由于作为一个职业经理人取得的成绩。

1999年，时任国务院总理的朱镕基访问美国时对韦尔奇谈到，中国非常需要高级企业管理人员，问他能否为此做些事情。一年以后，通用电气一个专门为中国高级经理人设立的学习班开课了。

到了2001年，随着《杰克·韦尔奇自传》中文版的出版，中国经理人对于韦尔奇的崇拜情绪几乎达到了顶峰，这本书在中国销量超过了 100 万册，经理人们几乎人手一册。深刻的管理思想、坚定的执行方式、睿智的表述风格对世界各地的经理人都产生了巨大的影响，在过去的 15 年中，他也深刻地影响了中国的管理。

但杰克・韦尔奇的辉煌定格在 1997 年之前。

1997 年以前，管理领域是韦尔奇的天下，他崇尚“末位淘汰制”或者说是“360 度评估”：把团队内人员按 20%、70%、10%的比例分为最优、中等和最差三个层次。最优的 20%人士得到晋升和提薪，70%的人给予培训，激励他们上升至最优秀 20%的人当中，最差的 10%员工必须走人，切不能把过多的时间和精力耗在这 10%的人身上。这三个层次始终都是保持动态，随时更换人员。

1997 年之后乔布斯回归苹果，他在那一年说的两句话和做的一件事，推动了这个星球进入移动互联网时代及影响了后来的各种思维、思潮和管理方法。

他的两句话是“Think Different（不同凡想）”与“要么杰作，要么狗屎”，他做的那件事：将 Mac 变成了半透明状。今天我们所热衷的各种互联网思维，正可以用 Think Different 来诠释。今天引领潮流的企业如 Facebook、小米等在选才、用人的标准和方法上极速趋向二维化：要么杰作，要么狗屎，不杰出必须走人。

互联网时代颠覆了思维，更颠覆了传统的管理模式。

2011 年的冬天，索尼迎来了惨痛的噩耗－－年度亏损 63 亿美金。对此，索尼常务副总天外伺郎说：“绩效主义毁了索尼！”因实行绩效主义，职工逐渐失去工作热情。在这种情况下是无法产生“激情集团”的……和索尼一样，很多公司为统计业绩，花费了大量的精力和时间，而在真正的工作上却敷衍了事，出现了本末倒置的倾向。

曾经的互联网电商明星企业凡客是一个鲜活的案例。

凡客创办于 2007 年，2011 年开始膨胀。彼时随处可见韩寒、王珞丹、黄晓明等代言的凡客广告，“凡客体”走红网络，员工总数一万三千多人，产品品类不断扩充，SKU（库存单品）高达 19 万，“基本上中国制造都堆在了凡客门口”。凡客迷失在了泡沫中。这场大跃进把凡客拖进了 2012 年的“清仓年”，数码、家电、百货等品类不断被清仓甚至撤销，年底的“疯狗”式清仓甩货导致物流爆仓，陈年还为此致歉。2013年的凡客，更是深陷资金链断裂、投资人逼宫、供货商跳楼索债、陈年被砸车等传闻，这个服装电商领域的过气巨头，似乎脆弱得摇摇欲坠。

2011年，凡客最热闹时，公司里有13000多人，光总裁级的领导就有三四十位，凡客却步步陷入危机。凡客曾经为了达到年销售额100亿元的目标，倒推需要扩张多少品类、多少SKU，需要多少人去承担这样的业务量。按照一个人管七个人的原则，公司就要有几十位副总、两三百位总监。现在，凡客只剩下不到300人，做衬衫的核心团队只有7个人，但业务运转得很顺畅。

2011年7月之前，凡客一直在品类扩张。凡客的员工心里充满了膨胀和自满，以为凡客自己什么都能做，仓库塞得满满的。从两个事业部到五个事业部，再到六个事业部、七条产品线，从简单地追求销售额到三个更具理性的硬指标－－毛利率、售罄率和库存周转率，从数百家供应商中砍掉一半，从亏损经营到公司的平均毛利达到40%多……陈年给凡客动了一次伤筋动骨的大手术。

2013年6月，陈年跟雷军在凡客喝了一次酒，雷军直言不讳，说凡客这种盲目扩张是上个时代的做法，未来的企业会像小米一样，以用户需求为导向，用产品来塑造品牌。雷军给光景不好的凡客开了药方：去管理层，陈年也不叫总裁了，就叫创始人，公司内部以后也不安排什么副总、总裁助理了；去KPI，让各事业部专心做好产品；去贪婪，产品没必要做多。

2014年2月，凡客第7轮融资1亿美元，由小米雷军领头。3月，凡客“80支衬衫”首次开卖，21分47秒内19353件衬衫尽数售出。

小米模式证明：时代的商业环境已经发生了巨大的变化。盯住典型用户的核心需求，实现良好用户体验，然后借由互联网的传播，那些剩下的用户也会被迅速地影响，其过程宛如病毒传播。

在互联网趋势下，公司的扁平化是必然趋势。

这个时代你拥有了更大的能量和权力，打造一个伟大的公司，你只需要55个人就够了（Whats App的55人团队创造市值190亿美金的价值）。创业家、创新者需要做的仅仅是：让业务管理来驱动员工管理；管理外部化、透明化（让用户广泛参与）；游戏化管理（人人都是游戏的一分子）。

2014年3月，麦当劳宣布其首席营运官（COO）Tim Fenton将在10月份退休，而接下来一个意外的消息是麦当劳宣布不会再任命新的COO，彻底取消了这个职位。在现代企业中，COO 曾经是个很关键的职位，但从数据上看，现在这个职位已经不再重要了。不仅是麦当劳，《商业周刊》的报道称，2012 年只有 38%的财富 500 强公司设有 COO 位置，而 2000 年这个比例是 48%。去 COO，去管理层，追求扁平化……

在《消失的组织架构－－超级节点化》一文中提及，以流程为导向的工作团队的建立，即以发起流程的“节点”来驱动业务的进程，人人都是核心，人人都不是核心，完全根据企业的需要可以随环境的变化而变化。企业部门间和组织内部的界限日益趋于模糊，大多数工作将通过“虚拟团队”来完成。网络经济下的企业组织将越来越多地在企业内部和外部使用跨职能的任务团队，人们必须学会在没有固定职务、没有命令权威、既不是被控制也不是控制他人的情况下去进行管理，去完成任务，去实现目标。

传统企业的组织架构中，中层的作用主要是上传下达，即向下级传达上级的指令并监督执行，同时向上级反馈来自下一级的信息，其次才是人才培养和企业文化传递。现代管理学之父德鲁克早在 20 世纪 90 年代就有此预言，这部分工作将伴随着信息技术的发展和管理工具的广泛运用而逐渐被取代。

传统企业组织架构层级分明，基础作战单元以旅 / 团为主；而创新公司组织架构像美军，由于信息技术发达，基础作战单元超级扁平化，以特种部队（介于排和连的编制）为主。

因此，基于互联网的创新公司，老板本人必须充当“五角大楼”的角色，而中层应该从一个纯管理者变成特种部队的队长。移动互联网时代的公司，由于变化快，现场管理和临机决断的事宜太多，必须缩短决策半径，必须扁平化。公司必须从去管理层、去组织架构、去绩效评估开始，到去销售佣金、去开会、去副总裁、去人事部、去财务部、去运营部、去总裁办……

现在小米的管理文化把“去管理化”做到了极致：没有 KPI；没有管理层，超级扁平化；没有组织架构，不开会。没有绩效管理，没有级别体系，没有“员工活动”，没有“内部沟通”，没有“内部培训”，没有“企业文化”。

就是这样一家成立 3 年的公司，估值已经超过成立数 10 年的索尼。

■ 快人一步

“天下武功，唯快不破”，在小米董事长雷军的眼中，互联网时代的创业圈就是一个武林高手层出不穷的江湖。一个创业者要想使自己的企业脱颖而出，招数不被破解，就只有比别人快一拍。

1958年，31岁的牧师之子罗伯特·诺伊斯到硅谷的仙童公司上班，当时他只梦想着赚一双鞋子的钱，但十几年后，他永远地解决了鞋子问题，他创办的英特尔公司令他成为全美最富裕的人之一；1984年，年仅19岁的迈克尔·戴尔对他的父母说他不想再上学了，因为他发现了打败IBM的方法，然后戴尔创办了DELL公司，并让后者进入了20世纪最伟大公司之列……

时光在流逝，一切也在改变。当我们进入21世纪后，互联网对于这个世界的影响正在日益显现。正如机器工业的出现淘汰了手工制造的农业一样，互联网时代的来临也让曾经辉煌无限的工业生产面临了危机，而随着互联网的深入，原先的传奇也在逐渐平凡。取而代之的是更新的传奇。“GAP、福特、柯达、英特尔、戴尔做梦也想不到他们会成为反面教材，而Google、eBay等新贵却以令人惊讶的速度站在了今天公司榜的顶端……”

从来没有一个时代能像今天这样，更迭如此迅速，权威如此容易被消解。曾经走在时代前沿的创新和改革，如今也成了守旧的和正在被替代的。在创新为王的互联网时代，不断有新的产品出现，新的企业崛起，不断有新的机遇出现，你如果出招慢了半拍，可能就被人抢在了前面。

雷军就曾经总结过一个“互联网思维七字诀”。在他的要诀里，最后一个要诀就是“快”。雷军说，他坚信“天下武功，唯快不破”。在他看来，有时候，快就是一种力量，你快了以后能掩盖很多问题，企业在快速发展的时候往往风险是最小的，当你速度一慢下来，所有的问题都暴露出来了。所以，怎么在确保安全的情况下提速是所有互联网企业最关键的问题。

正是用这一整套方法论，他自己创办了小米，还帮助朋友创办了20多家公司。2014年底，随着小米新一轮融资，公司估值已达450亿美元，成为苹果和三星之外估值最高的手机制造厂商，是195亿美元市值的索尼公司的两倍。

索尼当年在全世界大红大紫的时候，小米还连胚胎都没有形成。而如今索尼已经成为一个慢吞吞的老爷爷，失去了追赶这个世界的能力。《京华时报》报道，由于业绩压力，索尼将大幅缩减在中国市场的移动业务规模，停止针对中国市场特定手机型号的开发，同时索尼移动的裁员计划也将波及中国。索尼的黯然退场，同样留下的是一个慢于整个时代的背影。

这个时代，已经是快品牌的时代。

ZARA，快时代的杰出代表。

ZARA 的战略定位：买得起的快速时尚（Affordable fast fashion）。

ZARA 价格低于同等时尚程度的时装品牌，除每年 2 次的店内促销外，几乎不做任何广告。ZARA 首创了时装零售市场上的快速反应概念，强大的供应链是 ZARA 能对市场做出快速反应的保障，IT 技术也将设计、生产、配送和销售迅速融为一体，ZARA 的设计流程十分关注顾客和最新潮流趋势，对旺季前生产量的控制，保证了 ZARA 总能引领最新的时尚。

为了更好地实施上述战略，ZARA 采取了“快速、少量、多款”的产品管理模式－－

快速：快速设计，保持与时尚同步。

少量：控制各种款式的数量，人为地造成“缺货”。

多款：通过组合开发新款式，让专卖店保持新鲜。

通过对 ZARA 公司运作模式的研究发现，ZARA 为顾客提供“买得起的快速时尚”，战略的成功得益于公司出色的服装行业的全程供应链管理，以及支撑供应链快速反应的 IT 系统应用。

ZARA 总部拥有一支 300 人的商业团队，由设计专家、市场分析专家和采购人员组成；该团队每年设计的新产品将近 4 万款，公司从中选择 1 万多款投放市场；该团队不仅设计下个季度的新产品样式，同时还不断地更新当前季度的产品；全球各个连锁店可以在设计过程提出意见；设计定稿后，生产计划和采购人员开始履行订单流程。ZARA 拥有 22 家工厂，50%的 ZARA 产品由自有工厂制造，其余 50%由 400 余家外部供应商制造；ZARA 所有的缝制工作都外包给其他工厂，产品究竟自产还是外包，由生产计划和采购人员决定；为防止过度依赖某供应商，ZARA 的原材料供应来自 260 家供应商，每家供应商的份额最多不超过4%；ZARA所有产品都通过同一个物流中心发出；该中心建筑面积超过5万平方米，运用非常成熟的自动化管理系统，其中大部分软件由公司员工自主开发；ZARA拥有两个空运基地，欧美地区两天内保证到货；保持着如此惊人的运输速度，ZARA的出货正确率达到了98.9%，而出错率不足0.5%；ZARA专卖店按照女装、男装和童装分类摆放衣物，将衣裤、皮包、佩饰组合搭配在一起，促使顾客成套购买；ZARA专卖店中每种款式衣服上架时间不超过3周，每种款式最多补货一次；两三个星期后未卖出的产品，将会被运往该国的其他分店或西班牙本部；服装行业一般只能出售60%－70%的产品，而ZARA却让这个比例上升到85%；ZARA专卖店每平米平均销售额达到5192欧元。

ZARA会迅速发布与顶级品牌非常相似的时装，尽管每年要为之支付几千万欧元的罚款。ZARA每年推出1万余种设计款式，但是每款的数量和摆放时间都很有限。ZARA的“多款少量”策略让大众消费者也走在了时尚潮流的前列。

ZARA的目标客户是20－35岁的消费者，他们时尚敏感度高但购买力有限。从识别趋势到新款上架，ZARA只需两周的时间，这使得ZARA的新款服装总能和顶级品牌保持同步，但其价格甚至不及顶级品牌的十分之一。ZARA的广告额只占销售额的0.3%，远低于行业平均水平。ZARA门店选址极为讲究，都选在最发达城市的最好地段，如纽约的第五大道、巴黎的香榭丽舍大街等等，毗邻世界顶级品牌。ZARA门店装潢豪华，空间宽敞，进入门店之后犹如在小型商场购物。

如今，人类嗅觉已严重退化。这种嗅觉，主要指向对气味的捕捉能力。不过，有一些人，又似乎拥有了另一种敏锐的嗅觉，那就是在政治氛围、经济环境和社会生活中，迅速找到敏感点，来做出是机会或危险的判断。在经济环境中，擅长把握商机的人，往往都对市场环境有敏锐的嗅觉。

先机都是抢出来的，敏锐的嗅觉很重要。很多人嗅觉并不是那么敏锐，需要我们靠经验的积累来增加这份敏锐，在平时我们多积累经验就能慢慢培养起这份嗅觉，率先出击，拔得头筹，让自己在行业调整大势中分一杯羹。

现代商业所面临的最主要的问题就是竞争。在所有的商业竞争中，最为关键的就是对商业情报的判断和利用，这在很大程度上考验着创业者是否具有敏锐的洞察力和出色的决断力。商业竞争中的成功者通常都具备窥察先机的能力，他们能够用独到的眼光去审视市场，从而发现并把握机遇。在瞬息万变的市场运行中，随时都可能出现新的情况，有时一个看似再平常不过的信息可能就是一次不可多得的商机。能够及时发现并利用它的人，会因此而叩开成功之门，迅速占领“主战场”，为自己事业的成功打下坚实的基础。

面对变幻莫测的市场，一个好的老板首先要有敏锐的意识。因为早人一步就能够占得先机，就可以掌握主动。及时获取大量的准确信息，你就可能会因为一条有价值的信息而大赚一笔，也可能因为一个准确的商业情报而让自己的事业更上一层楼。所以，在国内外的商业界通常都很认同这样一个观点：掌握了信息，你就掌握了生意的命运；失去了信息，你也就失去了生存的基础。

在深圳，有一位曾经带领创维集团在家电业开创神话的企业家：黄宏生。当他沉寂 10 年后再次走到台前，却是以“南京金龙董事长”的身份亮相。黄宏生二次创业，把赌注放在了新能源汽车领域。经过 4 年的艰苦打拼，他的南京金龙终于初尝丰收的甜美，2014 年前三季度新能源客车产量统计显示，1 – 9 月，我国纯电动客车产销量南京金龙跃居全行业第二。黄宏生以企业家独有的敏锐，洞察到新能源汽车无疑是未来发展的趋势，抓住了投资新能源汽车的机遇。

机会到来的时候都是丑陋的！在泰国有一个雕像很奇怪，正面看是一个非常婀娜多姿的女人，但是看不到女人的脸，到背后一看，光秃秃的，一根毛也没有。泰国人说：这是“机会女神”之像，意味着当机会来到你的面前时，你往往看不到她的脸，也许是蓬头垢面，可当机会溜走时，才发现是机会，但是你再去抓时却抓不到，因为后面光秃秃，一根毛也没有。互联网时代更是这样！

正确的决策来自对信息的捕捉，而捕捉信息的基础在于耳聪目明以及对信息的敏锐意识。首先，要保持头脑的冷静。作为创业者的你如果不能够保持冷静的头脑，反而常常头脑发热或对未来悲观失望，你就可能会做出错误的决定，从而影响企业的发展和自己的成功。其次，及时浏览与自己行业发展有关的信息，迅速识别信息的真伪并能够正确地预测事物发展的趋势。

我们常说“处处留心皆学问”，对于创业者来说也是如此。其实机会就在你的面前，关键在于你能否处处留心，会不会捕捉和辨别，只要你能够时时留意身边的信息，只要你经常进行商业分析，你就能够发现其中的商机，掌握主动权，进而抢占先机。

李嘉诚说：“精明的商人只有嗅觉敏锐，才能将商业情报作用发挥到极致，那种感觉迟钝、闭门自锁的公司老板常常会无所作为。”多年来，他对香港本身及其周围的市场环境，特别是对祖国大陆的经济发展趋势，时刻保持着前瞻性关注，这让他成为香港富豪中少有的有着世界性眼光的大企业家。

对市场做出一个正确而及时的判断和行为往往会带来滚滚财源；相反，一个错误而鲁莽的判断和行为将导致惨重损失甚至一败涂地。成功的企业家对市场的变化应敏于见微，及时调整自己的产品结构和营销策略，时刻跟踪市场的走势。

■　机制创新

这是一个创新的时代，故步自封，就意味着衰败。

在过去，许多恐龙级的巨头和恐龙一样消亡，这正是因为缺乏应对变化的创新。

大公司严密的制度性约束扼杀了创新的可能性，人事制度、财务制度、公司文化、业绩考核等等繁苛的制度以及公司文化对于管理一家几百上千人的公司可能是非常必要的，但是这样的环境往往会扼杀创新的团队和员工。

当企业发现处于停滞的时候，依靠制度创新往往能激发活力。

制度性松绑，搞“经济特区”制度是一种突破。

中国的改革开放成功是从海南、深圳等经济特区开始的。设立经济特区，进行政策搞活，最终盘活了整个中国的经济。在大公司进行体制内创新也是一样，要整个公司制度性转变是不可能的，但是我们可以搞经济特区制度，对创新团队进行制度性松绑，例如：取消经济特区的上下班打卡考勤制度，实行弹性工作制；给经济特区独立的人事权限，可以自由招聘，自己设定请假调休制度；宽松的财务报销制度；取消严格的绩效考核制度，代之以整个团队的项目目标进行考核等等。

中国电信就用企业“特区”模式孵化创新机制。为应对移动互联网发展新趋势，中国电信创新基地运营模式，成立了创新孵化基地，设立创新孵化基金，建立了内部孵化机制。与此同时，还专门成立了天翼创业投资有限公司，负责风险投资事宜，率先成为国企在项目机制创新方面的一个新尝试。

中国电信创新孵化可以用“二三四”概括：

“二”－－突破两大机制：创新孵化机制；孵化基地除了继续立足央企的资源和品牌优势，还将通过员工持股、公司化等方式打破人才激励机制、项目运营机制，实现大型央企创新模式的新突破。而这也是“中国电信联产承包责任制度的‘小岗村’，是改革开放的‘深圳特区’，是国有企业在新兴领域创新发展的‘第一次’”。

“三”－－实现三大目的，中国电信创新孵化基地通过机制和体制的创新突破，聚焦移动互联网、物联网、云计算和电子商务等新兴业务，为中国电信培育新的业务增长点，培养一批互联网新军，塑造创新实践的新文化。

“四”－－四个定位，是创新发展的特区体制平台，人才新军的专业培养平台，创新产品的增值资源平台，孵化企业的标准设施平台。

体制外孵化也是一种不错的选择。很多成功的项目都是体制外孵化的结果，如微信就是进行体制外孵化的。只有远离体制，才能获得充分的自由和制度的松绑，才能创造最好的创新环境。特别是作为体制外孵化，团队成员的工作专注度是高度集中的，不会受到各种事务和部门工作协调，以及各种不必要会议的干扰，对产品的专注才有可能成功。

独立的、更优厚的激励制度更是常见的手段。针对创新团队，不能采用和整个公司一致的奖金激励制度，那只不过是常规性工作达标的奖励。针对创新项目，必须有别于公司整体奖金制度之外的奖励机制，让团队成员感受到更加强烈的动力和追求项目成功的渴望。2014 年底，业界就传说腾讯打飞机团队获得了 600 万元以上的年终奖。

对很多百年老店型企业，内部创业激活企业活力则是更常见的选择。

内部创业战略是指企业通过内部创新，以开发新产品进入新市场或者重新塑造新的市场，从而进入一个新的行业。

20 世纪 80 年代，为了医治“大企业病”，保持公司活力，同时为了满足员工创新、创业的梦想，国外一些大企业便开始实行内部创业机制，通过提倡和鼓励公司内创业，建立完善的内部创业体系，激发公司内部的创业精神，进而培育和强化核心竞争力。《财富》杂志在 20 世纪末的调查表明，当时国外已经有超过 60%的大公司在积极尝试这种战略新方式。

美国的莫里斯等人则将公司创业形式归纳为传统研发、特别创业团队、新创事业部门、全民参与式、购并、创新外取以及前六种形式的混合方式。实践中，一些成功的企业内创业已经在许多著名的大型公司中出现，比如 3M 公司、贝尔公司（Bell）、美国电话电报公司（AT&T）和施乐公司（Xerox）等。

内部创业是指现存组织为了获得创新性成果以进一步提升其竞争力而得到组织允诺、授权和资源保证之后所实施的一系列创业活动，这些活动包括内部设立新产品开发小组或新事业部，外部设立衍生的合资公司或独资公司以开发或收购新项目等。它的特征维度包括新事业的创建、产品或服务的创新、过程的创新、自我更新、事业承担、超前行动以及积极进取性。

目前，在产品创新方面，世界500强中名列前100位的大公司在20世纪末就已有65%采用了内部创业机制。国际上，内部创业已经被理论界和商界看作大型企业克服内部僵化的一种良药。没有一流的创新意识的员工，就没有一流创新性企业。为了激发员工的创业精神，实现创新革命，更多的创新性组织愿意像通用电气公司那样，使组织从‘职业经理人俱乐部’向‘公司内企业家俱乐部’转型。事实证明，通过公司内创业方式可以实现员工的创新‘梦想’，并且已经成为许多优秀大公司持续成长中的一种可行方式。

改革开放初期，我国将市场竞争机制引入企业内部，而现在要做的则是将创业精神引入企业中，让大企业具有创新性和灵活性，这对企业的持续发展和提高竞争力是大有裨益的。

1995年，IBM在中国成立工商企业部（GMB），把目标客户指向工业产值占全国工业产值60%的中小企业。

壳牌石油公司1996年成立了“规则改变者”专门小组，拨款2000万美元提供给思想开放的员工，授权他们尝试打破惯例、改变规则的商务新思路。

Google的工程师可以将创新点子放在内部的网络交流平台上，所有人都可以对这些点子做出评价。工程师可以利用20%的工作时间将这些点子落实为具体的产品。Google公司每年都会有高达1000万美元的创业大奖，奖励那些对Google未来发展有重大意义的产品和项目。

1983年，柯达公司成立了新机会开发部（NOD），主要帮助员工把创业构想转变成创业实践，为其开发和探索工作提供组织支持。

松下公司规定，对于内部员工创建的企业，本人出资比例可在30%以下，如果企业发展顺利，员工可通过股票上市或从松下公司回购获得股份。一旦创业成功，员工还可从松下公司获得特别奖金。

美国施乐公司在10年间投资了18个新创企业，其中6个新创企业的发展对公司业务增长具有很强的吸引力，最终施乐公司通过并购的方式将其全部整合到了公司的核心业务中。施乐通过创业投资模式投入的1200万美元资金，在10年内为其带来了超过2亿美元的回报。

为推行内部创业，富士通成立了专门的基金，只要在富士通工作3年以上的员工，公司都鼓励他们申请创业基金。他们采取的是递交创业计划书的形式，公司每半年组织一次“大赛”，“大赛”主要考核两项：一是员工个人是否具有创业素质；二是创业领域、计划书的可行性以及是否风险较小，收益稳定。

公司为此成立了专门的创业评定机构，那些被选上的员工，公司会给其投入创业基金。这笔钱被当成是以公司的资金入股，与员工的智力和技术共同新创公司，富士通在新公司所持的股份通常不会超过 50%。随即，公司与创业的员工解除劳动关系，但可以提供资源、业务、技术等方面的支持。

松下在 2000 年也投资 100 亿日元设立了公司创业基金，用于支持员工创业，方式也是通过商业计划书，一年有 3 次海选，获资助者会经过半年的面试、筛选、培训和考察。为了鼓励员工创业，松下规定，创业者初期出资比例可以在 30%以下，以后再从松下公司回购股份，并且创业的员工可以签约成为松下的合同工，即使创业失败，5 年内仍可回公司继续工作。

壳牌石油的“游戏改变者”项目，是该公司勘探与生产部发明的。为了给公司寻找新的市场机会，特别是突破性的机会，项目组四处收集创意，并为最有希望成功的想法提供资助。公司将 10%的技术预算按“风险投资”的方法来使用。

对创新型公司来说，最经典的案例莫过于 3M 的 15%定律了。员工可以不经同意，使用 15%的工作时间干个人感兴趣的事。而高层会帮助员工排除新创过程的内部阻力。几 10 年来，这条定律已使 3M 的骨子里渗透着创新的气息。

在微软亚太研发集团上海园区里，有一间叫作创新空间（The Space）的小屋，无论谁有好的创意都可以来这里寻找志同道合的人一起研究，如今它已成为许多微软员工进行内部创业的起点。“有一次我觉得自己有个不错的点子，但又不是很自信，于是就到创新空间里和大家说了一下。在场的很多人都觉得很有趣。后来通过私下联系，5 个不同专业背景的人便组成了一个内部创业小团队。”微软用户体验设计师宋平是一个头脑非常活跃的人，经常会有很多奇怪的想法，创新空间让她有了用武之地，可以在做好本职工作的前提下，与不同部门的同事组成团队来实现自己的创意，并且会得到公司各类资源的支持。

第四章　法

人法地，地法天，
天法道，道法自然。

■ 模糊决策

黑格尔的《小逻辑》当中有一句话：熟知并非真知。过去成功的东西可能成为一种思维定式，制约你今天向互联网转型。真知是什么？就是真理。但真知不是一个成型的东西，需要你探索。希望我们今天都能够在互联网时代成为探索真知的先驱，成为互联网的赢家。

古往今来，大凡伟大的决策者，都具有“先知先觉”意识，都能高瞻远瞩，洞察秋毫。

一个善于决策的人，不是对事情有了百分之百的把握再去决策。决策总带有一定风险，事情都清楚了才去“决策”，算不上决策。要知道，条件完全具备之际，往往是最佳的机会消失之时，一味追求完善，就会坐失良机。一般来说，只要有60%以上的把握就应当敢于决策，应当有信心去行动。从一定意义上讲，风险和收益的大小是成正比的，风险大，成功了，得到的利益也越大，收益就是对人们所承担风险的补偿。一点风险都不敢冒的决策，绝不能算高明的、卓有成效的决策。

思维反映到决策活动中就是思路，“脑中有思路，脚下有出路”，这就是思路给决策者带来的奇妙效应。眼下，不少企业严重亏损，市场经营举步维艰，可以说，思路不开阔，缺乏创造能力，乃是问题的症结与核心。倘若决策者的“思想再解放一点，胆子再大一点”，换个脑筋看问题，变个方法解决问题，效果就会大相径庭。红豆制衣俏销东瀛，源于千古绝唱红豆诗，发了“情财”；杭州金龙商厦推出“十点利”销售法，精于利人利己，薄利不薄。这些决策者都显示出了非凡的思维创造力，达到了匠心独运、出奇制胜的效果。

马云曾说：不要等到一切都成熟之后才去做，因为没有你的机会了。

新科亚洲首富马云一开始也不是干互联网的。他当过老师，也办过翻译社。1994年，马云第一次接触到互联网，虽然不懂，但他隐约嗅到互联网这东西将来肯定有戏。

1995年3月的一个晚上，马云叫了24个朋友来家里做客，他想听听这些做外贸的人对互联网的商务需求。马云整整讲了两个小时，他的朋友听得稀里糊涂，马云自己也是晕晕乎乎，最后说到底怎么样，其中 23 个人说算了吧，只有一个人建议马云可以试试看，不行赶紧逃回来。马云想了一个晚上，第二天早上决定还是干，哪怕 24 个人全反对也要干。

马云靠互联网致富，他起初对互联网也是一知半解，但他有胆识，并忠诚于自己的直觉，最后做了个享用一生的决策。

相同的例子还发生在刘强东的身上。刘强东曾经坦言，如果不是 2003 年的“非典”，京东就是另一个版本的国美。当时，他的实体店很火，但是非典的灾难让一切有被打回原形的风险，原本车水马龙的中关村门可罗雀，32 个柜台变成了 32 个拖累，非常时期没有人出门买什么 IT 产品。坐以待毙不是刘强东的性格，但怎么起死回生又没有把握，只好死马当作活马医，忐忐忑忑把货物搬到网上销售，不料这个无心插柳之举命中了互联网时代发展的潮流。“非典”时期，销售额不跌反涨。“非典”过后的 2004 年，刘强东干脆关掉所有实体店，全心经营网上商城。结果我们看到了，他当初的直觉决策避免了国美翻版的老路，成就了今天的京东。

邓小平就曾经说过，要大胆地摸着石子过河。因为这条河以前大家谁都没有走过，谁都是第一次走，谁都不知深浅，谁都没有经验，而敌人却又快追上来了，所以，就只得摸着石子过河了。所以，摸着石子过河，需要智慧，更需要勇气！而邓小平讲这一番话的意思，就是要鼓励大家在情况不太清楚、局势不太明朗、条件不太成熟的情况下，大胆地进行尝试，其要点就在于一个“摸”字和一个“过”字。会不会摸，能不能摸准确，这是个技巧上的问题，解决技巧问题就需要智慧；而敢不敢过，这却是个关乎勇气的问题了！

一个渔民，有一天摇着船出去捕鱼。他一边摇船一边仔细地观察水面上的气泡，他父亲曾经告诉过他，如果水面上的气泡很多，那就说明水里有鱼群。突然，他发现了一片看起来很像他父亲经常跟他描述的鲤鱼群气泡。于是，他就拿起鱼网准备撒下去。可刚要撒网，他心里却又开始打鼓了。他觉得在尚未弄清楚水里到底有没有鱼群前，是不该胡乱撒网的。

可怎么才能真正地弄清楚水里到底有没有鲤鱼群呢？为此，他决定跳下水去看一个究竟。当他潜到水底时，他发现那里确实有一个很大的鱼群，于是就立即爬上船来把网撒了下去。可奇怪的是，当他把网收上来时，却又发现鱼网里空空如也，就连一条小鱼儿都没有。他百思不得其解，弄不明白这么认真地撒下去的一网，怎么就没能捕到一条鱼呢？

这个可笑的渔民，居然不知道只要撒下网去就能马上弄明白水里到底有没有鱼群，却还非得跳下去看个究竟不可。他的悲哀，就在于不知道在模糊状态下，要大胆地凭着感觉进行尝试，而尝试的结果又恰恰就是验证当初的感觉是否正确的最好依据。

其实，在现实生活中，像那渔民这样的人真是比比皆是。当你动员他们行动时，他们总是回答说："等弄明白后再说吧"或者"等条件成熟后再说吧"。在这类人的日常口头语中，用得最多的是"您说得很对，但实际做起来很难"和"您所说的确实都很对，只是要看条件"这样的话语。他们总是喜欢拿这些听起来似乎很有道理、很合乎逻辑的话，来作为他们不立即采取行动的合理借口。结果，他们就总是错失良机。他们并不知道，行事虽然要看条件，但这条件却是在动态中不断地变化着并慢慢地成熟起来的。如果硬要等到条件成熟后再行动的话，那么，等一切都弄明白时，你也就没有了机会。

历史上有多少伟人，就是在条件尚不太成熟、前景尚不太明朗的情况下，毅然地大干一番的！要是等到条件完全成熟、前景十分明朗、谁都能看得明白时再去行动，那还能算稀奇、还能算伟大吗？你还有机会吗？

假如你去邀请一个人来合伙，有的人会在基本掌握了情况后，就立即凭着良好的感觉积极地加入进来，这类人可以说是有魄力、有前途的。虽然，他们也不一定就能赢。但他们知道，在商业上，有100%把握的机会就等于没有机会。所以，他们总是只要有一丝生机就勇敢地投入进去。对这些勇士们来说，他们之所以成功，与其说是因为他们超强的能力，还不如说是因为他们身上的那一股冲劲。

实际上，有些条件，你要是不积极地行动的话，它就死死地不会成熟；而只有当你不断搏击的时候，它才会慢慢地成熟并变得有利于你。

华为刚刚成立的时候，据说总共才七个人，大伙儿就一起睡在公司的地板上。而就是在这样的条件下，任正非却硬是做成了一件又一件非同凡响的事。正因此，任正非才够得上商界巨星的资格。国内多少现在当红的大品牌和大企业，还不都是从家庭作坊里奋斗出来的呀！他们之所以能够一跃而成为大亨，就是因为他们敢于尝试、敢于领先、敢于抢第一；而你之所以还仍旧混迹于家庭作坊堆里，到现在还一直发不起来，也就是因为你什么风险都不敢冒，非得等弄明白后再说，非得等条件成熟后再做的缘故了。

在条件不成熟的情况下，要学会模糊决策，并大胆地进行尝试，不能等到一切都弄明白后再说，更不能等到条件完善成熟后再去做。

上升到理论层面，可以归纳为一种“快速决策分析法”。

快速决策分析法是由美国杜克大学管理学者贝恩（Robert D. Behn）和沃普尔（James W. Vaupel）于 1982 年提出，是在时间和信息不充分的条件下迅速做出决策的分析方法。它从决策问题的整体出发，充分运用决策者的主观认识能力、经验直觉等等，用人类认识客观事物的逻辑推理规律指导决策过程。

在日常管理工作中，管理人员会遇到各种各样的问题，要在各种条件下制订决策。按照决策科学的一般要求，这些决策的程序应当是：分析问题并确立决策目标，探索与开发备择方案，评价选择最适宜方案，决策方案的落实与执行，收集与反馈信息，监督并保证决策工作的顺利进行。

为此，既要求决策者掌握足够的信息，又要给他比较充裕的时间，使他能进行较完善的分析、比较、论证、咨询等等，才能完成上述工作。但在实际工作中，大量的决策问题，特别是高层管理人员所面临的战略决策问题，往往是决策者所不熟悉的，也不易收集到有关的充足信息，决策者所拥有的时间和信息量都十分有限，从而迫使决策者在时间和信息均不很充分的条件下，立即着手处理问题，尽快做出决策。

主要内容快速决策分析与其说是一项具体分析技术，莫如说是一种方法论。它强调对决策问题的整体思考和结构化，注重运用正确的分析过程。它根据需要，循环运用思考（Think）、分解（Decompose）、简化（Simplity）、具体论证（Spceify）和反思（Re – Think）五个步骤，不断深入决策问题的本质，得出符合实际的结果。

思考：

许多决策者常常把 99%的时间花在收集和处理信息工作上，如召开会议、阅读数据、建立模型等等，却没有花精力对决策问题做全盘思考，所以决策效果不太理想。快速决策分析首倡者强调不能忽视对问题的思考认识过程，认为决策者必须花费一定的时间，认真考虑决策问题的性质，明确问题的结构，才能着手处理问题。

分解：

将问题分解为若干要素，对这些要素做逐一探究，然后再将这些要素重新组合起来，分析彼此间的相互联系，弄清决策问题的来龙去脉。

简化：

在快速决策分析过程中，决策者的注意力应始终放在对最重要的决策要素的鉴别工作上。这些要素包括：主要的备择方案，可能发生的不确定性后果，不同的备择方案对决策者的主观效用（满意度）。

具体论证：

对最重要的备择方案及其可能结果与对决策者的满意度等进行分析、确认和具体化。第一次论证，即一次分析往往只对最简单的情况或最重要的备择方案进行分析，如果结果不理想，才需增加备择方案逐步进行二次分析、三次分析。

反思：

决策者应认识到，决策过程的各个环节包括决策者的主观判断和预测，所以在各轮分析之间和决策终了之时，都要不断思考，找出分析过程中不符合逻辑思维规律的环节，根据手头新掌握的信息来修正原来的预测结果，并确定下一步分析的重点。

■　韧者无敌

鲨鱼因为拥有超强的适应性，在地球上已生存超过一万五千年。

在大自然的漫长进化过程中，鲨鱼这一物种没被淘汰，而且能保持旺盛的生命力，主要是鲨鱼拥有自己的生存理念：弹性、创新、行动、灵敏。这也是鲨鱼的行为准则即核心价值观，这种生存适应性符合事物的运动规律，因为世界上唯一不变的法则就是变化。

老子有个师傅，名叫商容。

商容病重时，老子去看他。

老子问："先生有没有什么遗言要教导学生的呢？"

商容说："经过故乡要下车，明白吗？"

老子说："是不是不要忘本？"

商容又说："经过大树要趋行，明白吗？"

老子说："是不是应该懂得敬畏？"

商容又张开自己的嘴巴说："你看我的舌头还在吗？"

老子说："在。"

商容又问："你看我的牙齿还在吗？"

老子答："不在了。"

商容于是问老子："你明白了吗？"

老子感悟，是不是刚硬的就灭亡，柔弱的就存活（非谓刚亡而弱存乎）？

商容笑着说："所有的道理都在这里了（天下事尽矣）！"

这个故事告诉了我们人生的智慧：

天择物竞，柔者生存。以其不争，故天下莫能与之争。

老子曰："天下之至柔，驰骋天下之至坚。无有入无间，吾是以知无为之有益。不言之教，无为之益，天下希能及之。"说的是天下最柔弱的东西，能够随便往来于天下最坚硬的东西中；没有形体的东西，能够进入没有缝隙的东西。其实，不用语言表述的教化，无为的益处，天下很少有东西能比得上。

老子所讲的便是“柔”的优势，这一原理在当代企业的经营中同样适用。随着市场变化趋势的加剧和不确定性的增加，越来越多的企业开始注重增强企业柔性、敏捷性以应对日益动荡、不确定的环境。战略管理学家 Ansoff 在评价企业“柔性”时指出：企业要适应环境，一个很重要的方面就是能够对所处环境以及未来变化趋势有所认识，特别是对环境中不确定事件的分析和应付能力尤为重要。

鲨鱼因为拥有超强的适应性，在地球上已生存超过一万五千年。随时随地移动，永不停息。鲨鱼是世界上最灵活的动物，全身只有软骨，没有一块坚硬的骨头。尖锐的牙齿是它赖以生存的武器，借由不断汰换旧牙齿让自己的武器更加锐利。永远对周遭环境保持高度警觉。此外，在来回游走时，它更根据水温随时自我调适。因此，不论生存环境如何，鲨鱼总是能够很快地适应下来。

在大自然的漫长进化过程中，鲨鱼这一物种没被淘汰，而且能保持旺盛的生命力，主要是鲨鱼拥有自己的生存理念：弹性、创新、行动、灵敏。这也是鲨鱼的行为准则即核心价值观，这种生存适应性符合事物的运动规律，因为世界上唯一不变的法则就是变化。

楚霸王力拔山兮气盖世，可谓刚强之冠，无奈性格中多了几分刚愎，少了几成韧性，只落得凄凄别虞姬，惨惨刎乌江；而那个流氓无赖刘邦，却厚着脸皮，凭着百折不挠的韧劲“屡败屡战”，终经九里山一战成功。

对于“创新即生命”的知识型企业来说，“柔性生存”将是适应这一特征的未来企业生存发展模式。柔性是指对变化的反应能力，变化包括产品设计特性的改变、客户需求量的增减以及企业提供的产品组合的改变等。

“韧”，从词义而论，韧者有强度但又有纤维状的弹性，所以既柔又刚。不仅是坚韧，是意志品质的顽强坚毅；也是柔韧，是企业组织善于预判外部变化、灵活应对的弹性，是一种“适者生存”的变化的力量。

今天，企业面临的环境呈现出三个特点。第一，变化更加剧烈，变化几乎无处不在。在这个不确定性的时代，唯一确定的就是变化。第二，变化更加巨大。很多变化不仅影响的范围广，持续的时间长，而且影响的深度大。例如，互联网和信息、通信技术的广泛应用，必将影响到各个产业和每一个企业。第三，变化是缓慢发生的，很多企业甚至无法感知到它的来临，等到企业意识到这种变化再试图调整时，已经无力应变。正如达尔文所说：在剧烈变动的环境中，能够生存下来的不是最聪明的，也不是最强壮的，而是最灵活的。

据调查，如果以每五年为界，五年前注册的企业能存活到五年后的只有大约6%－7%，而如果以10年来说，10年前注册的企业能存活到10年后的只有大约2%－3%，而如果用一百年来说，一百年前注册的企业能存活到百年后的只有大约不到千万分之一。所以，站在一个企业角度而言，活得长才是硬道理。

为什么有的企业匆匆而过？为什么有的企业基业常青？那些活得好又活得久的企业基因是什么？纵观那些依旧活着的企业，看起来依旧是那么不温不火、不露声色，按照自己的节奏，合着市场的节拍，当快则快，当慢则慢，有效地保持着一种柔韧的温度。

回头看改革开放三十多年来，那些活得长、做得大、走得好的企业家们，他们通常都具有以下相同的特征：在资源整合之道上很大程度地反映了中国特色从而保持发展的高速度，同时又在进步之道上广泛学习，不断对原有模式进行修正；他们不是没有犯错误，而是透过多元的学习机制拥有对错误的快速修正能力；他们不是没有犹豫，只不过他们增加的是对自己选择的发展方向的更严谨的条件限制，而不是简单放弃；而最重要的一点，他们是在坚持中反思自己，在探索中寻找实现自己原来方向的新形式。

尤其在现今动荡的商业时代，各种诱惑层出不穷，外部的“不确定性”确实难以预见，但是，通过“韧”的斗争，可以最大限度地克服“不确定性”的影响，将企业导向确定的彼岸。

70多岁东山再起的褚时健近年重新成为商界偶像。

冬季的水果市场上，蔚然兴起了购买“褚橙”的热潮。据说，“褚橙”的味道确实出众，因此很受顾客青睐；而知晓其中原委的，想必更多是因为这一粒粒“褚橙”所承载的那一个人、那一段事和所蕴含的那几分道理吧。而消费者品尝到的不仅是褚橙的味道，还有褚时健用一生的行动书写的人生意义之所在的味道。

褚时健独家授权的传记《褚时健：影响企业家的企业家》于2014年11月上市。该书由他的两个挚友先燕云、张赋宇共同撰写，并由他本人作序，从酝酿选题开始至完成初稿历时近两年，作者采访褚时健的录音总计长达2400个小时，手稿字数超过70万字。褚时健作为中国第一代企业家的佼佼者，曾经的“红塔”集团掌门人，20 世纪 90 年代曾叱咤风云，沉寂多年后，以 86 岁高龄再次缔造“褚橙”商业神话，他的故事影响了许多当代的商业精英。

在中国，“红塔山”几乎人尽皆知。而红塔集团的创始人、曾经被称为“烟草大王”的褚时健的一生，跟红塔集团从默默无闻到成为世界前列的跨国烟草集团一样跌宕起伏。他的前半生一路向上攀登，到 66 岁被评为中国十大改革风云人物，走到巅峰；71 岁被判无期徒刑，女儿在狱中自杀，跌入谷底；74 岁保外就医，就在所有人以为他将风轻云淡享受天年的时候，居然开始种起了橙子，重新创业；2012 年 11 月，褚时健种的褚橙通过电商开始售卖。

在褚时健的人生里，我们不仅应当看到他超越了曾经的挫折与苦痛，重新又走出了一条世俗标准下的成功路，更该对其成功背后的所以然进行一番深入的思索。巅峰跌落时，他坚韧不拔、敢想敢为；谷底奋起时，他放下身架、躬亲力行；误入歧路时，他当机立断、纠偏矫正；遭遇瓶颈时，他认真钻研、虚心求教；事业展开时，他精心管理、艰苦拼搏；重归顺境时，他朴实低调、勤俭坦诚；再次辉煌时，他乐助乡民、奉献社会……不屈的韧性，“不服输”的执着，拉长着褚时健的人生厚度。王石感慨，“衡量一个人的成功标志，不是看他登到顶峰的高度，而是看他跌到低谷的反弹力”。

正如美国作家海明威在《老人与海》中写下的那句话－－“人不是为失败而生的，一个人可以被毁灭，但不能给打败。”

■ 粉丝经济

从口碑传播的载体，到品牌成功的基石，再到品牌的主人，“粉丝”成为了这个时代最耀眼的群体。正如玛格丽特所说：不要怀疑一小群有决心的人能改变世界，事实上，也只有他们才能改变世界。

世界上有这样一群平凡人，他们爱偶像胜过爱亲人、爱自己，他们为了心中喜爱的明星而疯狂，花费金钱、精力甚至搭上性命也在所不惜，这就是“粉丝”（fans）。在今天的时代，粉丝已经远远超过追星的本意，“粉丝”更接近是一种立场，一种态度，一种对偶像的“一往情深”和不计成本的付出。

诺贝尔经济学奖得主、美国著名经济学家萨缪尔森说过：“市场经济的最终两个主宰是消费者与技术。”技术是一个企业在市场中的核心竞争力，它决定了产品的功能和质量，也决定了产品用户的依赖程度。而在技术已经能满足用户需求的今天，消费者已经成为了一个企业最终能否在市场经济中得以生存和发展的决定性因素。在中国的互联网经济进程中，众多厂商营造出的“粉丝”经济，一次又一次验证了这一点，“粉丝”至上也被归类于互联网思维而众人皆知。

作为一种最古老的传播方式，口口相传在没有发明文字和印刷术之前就已经出现，早在雕版印刷术发明之前，“粉丝”的口碑就展现了强大的市场影响力。

《晋书·左思传》中记载，左思以10年时间写出《三都赋》，于是“豪贵之家，竞相传写，洛阳为之纸贵”。“洛阳纸贵”说的就是这样一款开源的文学产品能有如此强大的号召力，使得众人争相购入，甚至因此抬高了原材料的市场价格，这正是古代依靠口碑传播形成“粉丝”经济的最好代表。

到了互联网时代，古老的人际间的口口相传的能力重新得到了大幅度增强。互联网传播的广泛性，移动互联网传播的及时性，使每个个体都成为了一个“自媒体”，而品牌世界本身是一个分众化的世界，分众化的世界是由“网络＋口碑”传播形成的。因为口碑承载了“粉丝”的利益、情感和价值观。而口碑传播的对象往往是能与该品牌有一定关系的人或者人群，因此相互之间更容易形成共鸣和信任。利益、情感和价值观的认同能带来“粉丝”的增多，而“粉丝”的增多直接形成了如今“得‘粉丝’者得天下”的局面。

粉丝，不仅仅是我们品牌忠诚的顾客，也是我们品牌的传播者和捍卫者。粉丝对你的品牌、对你的企业拥有高度的忠诚和热情，这些粉丝不仅会再三光顾你的生意，而且会通过 Facebook、Twitter、Pinterest、微博、微信、人人等各种社交媒体向他们的闺密、哥们儿、同事，甚至是陌生人讲述你感动他们的故事，传播你的口碑，帮助你的业务获得非线性的增长甚至是爆炸性增长。

早在 20 世纪 70 年代，美国的亨利 · 詹金斯以及约翰 · 菲斯克提出一个观点：粉丝不单单是个体消费者，他们是一批比个体消费者更主动、更愿意去创造的一群人。互联网的发展更是助推粉丝经济到了新的高度，这批人在互联网的模式下显得更加从容和自在。

互联网进入社交时代，人们通过关系、兴趣而聚拢，进而通过关系图谱、兴趣图谱而进行信息的交互。技术的进步使得粉丝的权利得到了空间的放大。粉丝从“被动接受者”转变为掌握传播主导权的“主动参与者”，并因共同的“喜好”集结成各种各样的社群。“粉丝”们在微博、微信、QQ 等强大的社交平台，可以实时地进行内容共享与情感交流，并逐渐找到心理上的归属感，每个个体表现出明显的从众心理。勒庞在《乌合之众》中将这种社群现象描述成“群体精神统一性的心理学规律”－－“群体只知道简单而极端的感情：提供给他们的各种意见、想法和信念，他们或者全盘接受，或者一概拒绝，将其视为绝对真理或绝对谬论”。当感情成为附加值时，乌合之众的“群体经很统一性的心理学规律”在规模经济的理论下，可以将“粉丝经济”的商业价值被无限放大。

于是我们看到，在创世中文网上，粉丝打赏数千甚至上万大有人在。陈坤的微信会员卖出 1000 万，《罗辑思维》6 小时完成 5500 个名额的售卖购买，《小时代》系列电影创下 10 亿元票房纪录等“粉丝神话”都在一定程度上印证了凯文 · 凯利在《技术元素》中提出的 1000 铁杆粉丝理论。他预测：如果一位创作者或者艺术家能够拥有 1000 名铁杆粉丝，他们便可以辞去全职工作，依靠与粉丝联系获得的收入过活。

粉丝经济加互联网概念，这两个要素的组合，产生了极大的化学变化。

将粉丝经济用到极致的，非小米莫属。在小米之前，手机的价格中通常包含着巨大的品牌溢价，硬件投入的成本所占的比重并不大，相应的，硬件性能也受到成本控制的影响，对于热衷于性价比的普通用户来说，这样的手机并不能实现好的性价比。而雷军以“我们把用户当朋友”的态度，高举“为发烧而生”的宣言，带领着一群爱玩硬件的人，做了一些自己喜欢的产品，和米粉一起玩。于是在当时，性能优异，价格合适并贴着“朋友”标签的“小米 1”一经面世，便在市场掀起波澜。

如今数以万计的米粉们每周都参与到小米系统的开发定制中，小米创始人雷军曾自豪地表示：“苹果的更新是一年一次，Google 是一个季度发布一个版本，而小米则是一个星期发布一个版本，风雨无阻。”聚集小米粉丝的小米社区用户已达到 700 万，每天关于手机讨论的帖子多达几十万条。在小米，作为创始人的雷军，永远作为公司 PR 第一人冲在社交媒体第一线上；创办米粉节，让全国各地的小米粉丝们有了一种集体归属感；在全国各地创办小米之家，不断推出针对粉丝的线下活动；从微博到微信，小米可谓深谙社交媒体的沟通交流之道。这一系列举措让小米公司成为中国发展最快的互联网公司之一，最新的估值已经高达 450 亿美元！而这仅仅是一家成立三年的公司。

郭敬明和他的《小时代》则是另一种粉丝经济受惠者。

电影《小时代》在两种截然不同的声音中成为 2014 年最受关注的电影，泛滥的口水与疯狂的收入几乎成正比。《小时代》的火热离不开郭敬明个人的粉丝经济以及中国互联网特有的用户特性。在《小时代》身上，粉丝经济与互联网相结合，产生了巨大的威力，从而为电影的走红提供了更多的数据支持。这远比讨论电影的剧情与价值取向更有意义。

这几年，作为话题人物的郭敬明，用自己的作品完成了财富积累和粉丝积累。世纪之初赢得新概念大赛冠军的他，并未进入公众视野，直到 2003 年《幻城》和《梦里花落知多少》的面世，终于让人记住了一个叫郭敬明的小个子。郭敬明（或者他的团队）敏锐意识到他的潜在读者群体。他开始给他的那些读者们量身定制梦想。这是一群 80 后甚至 90 后的读者，他们处在叛逆的青春期与苦闷的后青春期，他们有自己的梦想－－渴望长大，渴望爱情，渴望成功，然而现实的学业压力让他们感到沉重，其他文化产品如电影、电视几乎都没有对他们的关注，而图书就成为他们这个群体唯一可以寄托梦想的媒介。借助于强大的渠道资源和免费宣传，郭敬明的粉丝成员成倍增长，这些粉丝对《小时代》票房的推动不可小看。

中国最大的社交平台腾讯则用内容连接粉丝，让 IP“活起来”。移动互联网时代，腾讯为我们展示出一个庞大的以“粉丝经济”为核心的商业模式矩阵。网络文学、动漫、游戏、电影等这些内容服务将成为连接“粉丝”的一项基础性服务。“粉丝经济”成为 2014 年腾讯商业战略一个很重要的标签，跨界布局文学、动漫等平台，进入电影行业，“泛娱乐”战略、“星影联盟”、“腾讯电影”无不与粉丝经济相关。

2011 年 4 月，腾讯启动了“泛娱乐”战略，并于 2012 年 3 月正式宣布“以 IP 授权为轴心、以游戏运营为基础”进行的跨领域、跨平台的全新商业模式。那个时候，腾讯就已经开始在为“粉丝经济”做内容布局。随后的两年多时间里，先后搭建动漫发行平台，创世中文网、云起书院等文学平台，再加上“腾讯电影”，腾讯已基本完成了在文学、动漫、游戏、电影的全产业链布局。基于这些平台，腾讯积累了大量优质的内容，包括作品和作者，并基于此聚集了大规模的忠实“粉丝”。目前，腾讯文学旗下各网站作品储备达到 20 万部，移动产品日活跃用户突破 1500 万。游戏《英雄联盟》每天的玩家数量超过 2700 万。

光聚集内容还不够，还需要激活粉丝，形成有粉丝广泛参与的价值全链，即腾讯的“明星 IP”战略。《洛克王国》就是典范。《洛克王国》自 2010 年上线以来，线上注册用户将近 2 亿，覆盖了近半数的适龄儿童，最高同时在线用户数超过 80 万，成为国内最大的在线儿童社区。当初在游戏领域单一的 IP（特定形象、版权等知识产权）不断被延展至周边授权至电影、杂志及动漫等线下产业，走出了一条从游戏→图书→电影→话剧→动画→衍生品，再回到电影的发展路径。版权价值在《洛克王国》的演绎下得到了最大程度的释放。

看中粉丝经济的价值，不仅腾讯、百度、阿里、乐视等互联网企业都在组织自己的版权资源，签约并培养自有作者，打造独家内容，向产业链上游渗透，使优质 IP 在“粉丝经济”中获得绵长的生命力。

■ “屌丝”逆袭

屌丝，穷、丑、矮、呆、胖……这个中国网络文化兴盛后产生的讽刺用语，开始常用作称呼与“高富帅”相对“矮矬穷”的人。其最显著的特征是穷，房子、车子对于屌丝来说是遥不可及的梦。

在另一个层面，在互联网领域，“屌丝”却是王道。得“屌丝”者得天下几乎已成定律。那些成功的互联网大佬深刻理解屌丝对于互联网产品和服务的价值。

“屌丝”－－对于这样一个引起广泛热议的词语，在一个看重身份地位的社会，中国曾经被边缘化的“屌丝”具有强大的新身份。“屌丝”，这个看起来原本充满鄙视意味的“无厘头”的网络新词，已然从网络一路“爆红”到了现实生活。2012 年初，“屌丝”在中国广泛流行起来，在年轻人群体间的语言文化中更被广泛应用。2013 年 4 月，“屌丝”甚至走出中国，以醒目的“屌丝 Diaosi Made In China”出现在纽约时报广场的电视看板。大量 80 后、90 后的年轻人主动接受了这一称谓，有人用它自嘲，有人借它减压……

随着“屌丝”群体的壮大，越来越多的互联网公司开始关注这个群体，随着“屌丝”在互联网上蔓延开来，来自不同背景的中国青年开始接受它。搜狐财经曾经做过一次调查，预测广受欢迎，被高端品牌地位和其他符号所吸引的高端中国消费者在未来的时间里可能会消失。在中国，“屌丝”将成为主流消费者。

尤其在互联网领域，得“屌丝”者得天下几乎已成定律。那些成功的互联网大佬深刻理解屌丝对于互联网产品和服务的价值。

在中国互联网的发展历史上，hao123 绝对是一个“屌丝”级的产品。一个导航类网站，20 亿元的年收入，对于很多同类产品来说，这都是一个可望而不可即的神话，这个神话就是 hao123 －－一个被百度收购后依然在正常运行的产品。

早在 2004 年，hao123 被百度收购的消息传出后，在业界引起一片喧哗与骚动。很多人为此困惑不解，为什么这样一个看起来技术极其简单、仅仅把各类网址收集在一起的网站能够获得百度的青睐，竟然卖出了5000万外加股票期权的天价。从技术上说，hao123几乎没有任何门槛，为什么这么简单的一个网站价值可以这么高?

事实上，hao123网站自1999年正式上线至2004年9月1日，Alexa全球排名第26位，超过国内许多著名专业网站，甚至直逼TOM等门户网站。从上线的那一天起，它凭借简洁的页面、相对公正的网站拣选，成为了许多网民电脑开机后的第一选择，尤其在遍及城乡的网吧，hao123常常被设置为上网首页。中国很多草根网民的上网经历，就是从点击hao123开始的。在网吧的经历帮助这个网站在互联网普及以后依然站在制高点。

hao123域名很好记，同时功能性又很强。与“hao123”这个响亮而土气的名字不同，当时众多大型互联网公司热衷于用高深玄妙的名字来彰显逼格。从最早的Sina到现在的Google，无不是情景文化的产物。而“hao123”这个由李兴平这个初中生所想出的名字，表面看透着一股乡土气息，但是它朗朗上口、易于传播。

互联网普及时代过去，今天，和hao123类似的屌丝神话继续换一种面目在中国互联网领域延续传奇。

做出360免费杀毒颠覆杀毒领域的周鸿祎说：一个是创新，一个是做好产品。用这两件武器挑战巨头，实现屌丝的逆袭，这就是我们的气质。屌丝之所以能逆袭，是因为他接地气，离用户近，他知道很多用户的需求。但是当你做成高富帅了，你离用户就远了，可能就不敏感了。

互联网的用户是屌丝，两个特征：贪婪和懒惰。你要解决这两件事，不仅要给他服务，免费他觉得不行，还要给他创造价值。怎样让这帮屌丝喜欢你呢?要让他成为你的粉丝，要对你有忠诚度，你要真正了解他。无论是微信、陌陌还是其他应用如视频、小说、浏览器等，都是抓住“屌丝”们内心某种需求，并通过产品来满足这一需求，使产品获得成功。

中国互联网市场里，很多人把北上广深当成互联网用户主体，其实是错的，这里的用户都是城市白领，与三、四线城市及农村的用户形态完全不一样，他们只占有互联网用户中很小一部分。只有抢占广大三、四线城市与农村的用户才能赢得市场。蒋介石当时就是这个心态，占领主要大都市，得到美国支持，主要将领与官员是海归。最后天下被毛泽东这个屌丝给夺走，原因就是他了解中小城市与农村用户的需求。百度当时能赢过 Google，除了政策原因外，更重要的原因是，他有贴吧、MP3 下载与知道等完全本土化的产品，了解中国用户的需求，黏度高。

QQ 帝国的崛起就是一个经典案例。聊天、寻找陌生人、QQ 头像、QQ 空间、QQ 等级等等服务无一不是经过“屌丝”群体的推广而得到壮大的。

QQ 之后的微信更是将满足“屌丝”群体的基本需求发挥到极致。张小龙认为沟通是人与生俱来的需求，在新环境下的消息系统本身就是个有巨大价值的产品。根据人与人之间的沟通建立起来的消息系统，由强弱关系不同而产生的用户黏性也不相同。突破传统人与人之间靠电话、短信沟通的瓶颈局限，沟通方式由人与人发展到人与组织甚至人与物体之间的沟通。微信将改变的是人的沟通方式，联系的是不同个体。满足“屌丝”群体对于沟通的强烈需求，这种面向大众而非小众高端人群的应用，从面世到发展至今赢得了好评。

微信里摇一摇是一个对“屌丝”需求渗透最深的功能，“屌丝”的生活到底有多无聊与寂寞，互联网同胞们总是有或多或少的感受。用摇一摇这个非常简单的动作，来寻找身边同时在摇手机的人，建立同样无聊的两个用户之间的联系来达到满足用户对于社交、沟通的需求。当它发展到除了能摇到人，还能摇到网页、图、音乐之后，摇，变成了一种明确的信号；让手机帮忙找、帮忙听，成为了一些特定场景下的“人体增强动作”。也就是说“摇一摇”，不只是建立“屌丝”用户之间的联系，而是改变了“屌丝”沟通的方式。

以“屌丝”经济起家，最后成功登陆资本市场的 YY 和 9158 用生动的例子诠释了互联网时代由“屌丝”主导的新规则。

一个嗲声嗲气的女生或者一个操着满口东北腔的男生，坐在摄像头和麦克风前，一边切换着各种知名或不知名的歌曲，一边进行着二人转式的调侃，有时还会自己秀一下歌喉甚至说一个满座皆喜的段子。这就是 YY 语音的真实写照，就是这样一个看似完全不高大上的项目已经在美国上市。

据 YY 上市前发布的招股书显示，在 YY 的营收构成中，2012 年上半年 YY 音乐的营收已达到 9272 万元，占总收入的 30%，远超过外界熟知的在线广告业务。这要归功于在 YY 语音作为语音通信工具已经通吃游戏江湖之时，YY 所定义的另一种新角色：娱乐社交。

在YY创始人李学凌看来，草根才是中国互联网最核心的用户，很多高富帅，在互联网上基本从不花钱。任何一个真正成功的公司，都必须抓住草根用户。中国现有的大公司，都深深地抓住了草根用户需求，比如淘宝，可以让每一个二、三线城市卖家都能够活下去，腾讯更是从骨子里就是草根公司。

2014年7月9日上午9点，香港证券交易所。步YY之后，傅政军的公司“天鸽互动”在港交所挂牌交易。许多人并未听说过天鸽互动，但其旗下的“9158”社交视频平台早已名声在外。

2005年，在经历了“太极链”创业的傅政军，受韩国“十人房”视频聊天模式的启发，带领工程师写出了9158，谐音“就约我吧”。这一陌生人视频交友社区的项目，获得了150万美元天使投资，并将网站定位在了“秀场”模式。

在线秀场模式，就是将个人秀搬到网上，培养一批“主播”，他们通过视频的方式在互联网上展示自己的才艺，观众可以与主播进行互动，并对主播的表演进行“打赏”，即赠送虚拟物品，如鲜花、蛋糕、跑车、飞机等。这些虚拟物品需要用户付费购买，收入最终由网站、房主和主播共同分成。随着四、五线网络用户的激增，“秀场”模式给9158带来不菲收入，也造就了一批月收入轻松过万的高人气女主播。

在9158，每天，成千上万的用户涌入这些视频秀场、在线KTV，或是收看美女主播们的才艺表演，或是“进房”抢麦唱歌，自己充当演出主角。超过3万名各色主播是这场游戏的宠儿，而普通用户要想彰显“实力”，博得美女青睐，只有花钱送礼，方显土豪本色。这些年轻人主要来自二、三、四线城市，当地娱乐设施的匮乏让他们更喜欢上网放松、聊天、社交；在与主播的甜言蜜语、打情骂俏中，被肆意挥洒的是一笔笔被兑换成各类奇葩虚拟道具的真金白银。

目前，天鸽互动下属各个平台的注册用户量累计超过2亿，月活跃用户量超过1000万；2013年，这些用户为其贡献了超过人民币5亿元的营收，其中大多数来自虚拟商品，比如向主播敬献的“鲜花”等。有人会一掷千金，给自己喜爱的女主播送上999朵“虚拟”玫瑰，也有人会在主播生日当天送给她代价50万元的1128架“虚拟”飞机。

作为连续创业者，傅政军很懂得把握网络“Loser”的心态，并迅速把握到了其中的商机。9158首页，充斥大量“美女”图片，“美女视频聊天”“美女自拍秀”等字眼被放在最醒目的位置，随时准备在虚拟舞台上接受粉丝的膜拜和牺牲。

天鸽互动的用户群多为“屌丝”，现实生活的寡淡如水，精神生活的随风飘荡，让他们对于虚拟世界的成就感有着更强烈的需求。花费几包烟、两瓶酒的钱，就能博美人一笑，引众人侧目，“开心”就是如此直接而简单。

天鸽互动的2亿用户中，59%来自三、四线城市，30%来自二线城市，11%来自一线城市。而令人惊讶的是，这些来自中小城市的年轻人出手豪阔，与其真实经济实力常常错位。YY的用户，包括来自三、四线乡镇网民和城市打工者、个体户小老板，他们都有着极强的网络消费意愿。对很多用户而言，视频聊天这种原始而极易被接受的网络社交方式几乎是他们在枯燥工作之余唯一的娱乐，尤其是对于第二代打工者而言，没有了养家糊口的压力之后，他们更乐意将大部分收入投入到让自己觉得“开心”的事情上去。

2011年、2012年和2013年，天鸽互动付费用户量分别为19.4万、20.9万和27万，人均消费7649元、8509元和7637元。考虑到天鸽互动的分成比例约为30%－40%，付费用户人均每年在天鸽互动旗下平台的消费额可能高达2万元以上。这些钱主要被用于购买虚拟商品，从最普通的“玫瑰花”“棒棒糖”，到更加“尊贵”的“跑车”“私人飞机”，“土豪”粪土钱财，“女神”谈笑风生，观众围观起哄，托起了整个平台的“斗富”氛围，服务器上的几行代码，迅速吸走了玩家手中的人民币。

天鸽互动只需付出极为低廉的成本，就能够“躺着赚钱”。2011年，天鸽互动收入为3.84亿元人民币，到了2012年和2013年，它的营收达到了4.6亿元和5.48亿元人民币，同期纯利达到了1.4亿元、1.56亿元和2.06亿人民币。过去三年间，天鸽互动的毛利润率始终接近90%。

■ 本土思维

2014年，路透社一篇文章说：当洋品牌将未来增长寄希望于中国这个世界第二大消费品市场时，一批中国零售商却利用绿茶味的牙膏和酸梅汤侵蚀国际对手的市场份额。

中国公司将近30年的成长史中，在中国市场的很多行业中，本土的企业家都有过那么一个可以击败或抗衡跨国公司的“关键时刻”。1995年前后，联想的柳传志就抓住了这个时刻，靠高举民族品牌大旗击败了众多的国际电脑公司；家电领域的海尔张瑞敏、长虹倪润峰也抓住了这个时刻，在一轮又一轮的价格战中战胜了众多的日本及欧美家电公司；在2000年前后的饮料食品行业，娃哈哈宗庆后则靠城乡渠道的创新，取得了让人骄傲的业绩。这样的传奇在互联网时代更是集中。

中国经济放缓，加上本土企业构成的挑战越来越艰巨，可口可乐、宝洁和高露洁等外国品牌的高管只能被迫适应环境。据2014年7月凯度消费者指数与贝恩公司发布的报告，去年中国消费品市场较前年增长7.4%，增速为3年前的一半。在这个残酷的市场，中外品牌都在争取相同的消费群体，而本土企业逐渐胜出：该报告显示，2/3的受调查外国品牌去年在华市场份额出现下降。“(与国外品牌相比)国内优良品牌确实迅速缩小差距，它们知道如何研发中国人想买的东西。”中国市场研究集团的本·凯文德说。

一直以来，中国人口众多且中产阶层日益壮大，是仅次于美国的第二大消费品市场，即便中国经济放缓，也仍是国际品牌未来的关键所在。

尽管许多跟国际巨头“叫板”的中国企业在国外鲜为人知，但它们对本土市场的了解使其在国内更具吸引力。例如，合资公司生产的黑人牙膏，就以绿茶和茉莉花口味牙膏迎合中国人；云南白药牙膏则将其显赫且悠久的中药生产史作为卖点；台湾康师傅控股有限公司也重视开发雪梨和酸梅等中国传统口味产品。

橘生淮南则为橘，生于淮北则为枳，强龙敌不过地头蛇，在商业领域也是如此。

淘宝打败 eBay 的案例是一个被无数次写入商业案例的经典。其核心正是本土思维，而这样的思维和战略不止一次帮助本土企业成功赢得竞争。

2014 年 9 月 19 日，淘宝在美国上市，成为为数不多市值过千亿美元的互联网公司。而这一时刻，距离它在中国本土打败 eBay 不过 8 年时间。

在中国商业案例中，淘宝与 eBay 易趣之间的“战争”是最令人惊奇的：一家全球最大的、正处在巅峰时刻的行业领跑者，在中国市场上已经获得了 90%以上的市场份额，而一家后起的中国公司，仅仅用了两年时间就夺取了超过 70%的份额，并迫使前者进行战略重组。

2003 年，淘宝网成立之初，就面临着易趣的绞杀。当时的情况是，2003 年 6 月 12 日，eBay 正式入主易趣。eBay 是全球首屈一指的个人、企业商品在线交易市场，而易趣在网上交易尤其是 C2C 领域一直统帅着国内电子商务领域。二者强强联手立志要吃掉中国 C2C 市场。面对如此实力超群的对手，淘宝网并没有正面迎敌，而是采取了迂回策略。

淘宝网与易趣竞争的第一个策略就是免费。当时其他在线拍卖网站的收费方式主要是三方面：一、交易服务费，成交以后收取 2%左右的服务费，不成交不收费；二、登录费，在线上传的商品都涉及 0.1 元到 8 元不等的登录费；三、推荐位费（橱窗展示位），置顶或者排在首位等各种各样的推广费用。而淘宝网则是全部免费，这对于在互联网上做买卖的生意人来说，不啻于天上掉下的馅饼。

除了免除交易费，提供良好的服务平台，面对易趣的竞争，淘宝网的另一个重要的举措就是推出了“支付宝”。与作为直接经销商的当当、卓越不同，类似易趣、淘宝的网上卖场只提供交易平台，对买卖双方并无绝对的约束力，如果货款或是商品出现了问题，风险只能由买卖双方承担。卖方为了保护自身利益，通常会采用“款到发货”模式，在这种情形下，即便有以往交易记录作为考量，买家仍要承担非常大的交易风险，这是谁都不愿意的。

在开战之初，对于马云和阿里巴巴来说，挑战 eBay 几乎是一个很难完成的任务，所以，马云要求淘宝倒过来看世界－－每一个进入淘宝团队的人都必须学会“倒立”。

马云的倒立，用熊彼特的话说就是“创新”，用汤姆·彼得斯的话说就是“颠覆”，用安德鲁·格鲁夫的话说就是“唯有偏执狂才能生存”，用柳传志的话说就是“重新写一份菜谱”。结果，倒立者赢。

马云是用一种免费战略撬动了eBay易趣在中国的生存基石。eBay在北美市场是靠向卖家收费而受到投资商青睐的，它从一开始就盈利，而且获利颇丰。可是，马云却宣布中国的淘宝是免费的，而且“几年内都将免费”。就这样，游戏规则在最最敏感的一点上被重写了。

淘宝战易趣的故事在很多场合被重新演绎。

搜索引擎和门户网站始祖雅虎到了中国，不仅没当成虎，反而成了一只病猫，由阿里巴巴运营已久的中国雅虎不但没有起色，最终还难逃核心业务退出市场的结局。

上帝为他打开一扇大门，也会关上他许许多多小窗。微软在中国布局发展多年，成功项目和不成功项目都有很多，MSN是其中不成功的典型代表。

2014年8月，微软Skype官方向MSN用户发送了一份邮件，邮件内容为：“这是真的。你的Messenger服务将于2014年10月31日关闭，距离现在还有60天。”这是MSN的告别词。

IM（即时通信）市场竞争激烈，MSN在产品、开发、运营、推广上都远远落后腾讯QQ，不论是其应用功能，还是其服务水平，都与腾讯QQ差距越来越大，糟糕的用户体验，脆弱的安全机制，大量的垃圾广告信息的泛滥，让越来越多的用户不得不离开MSN而转向其他IM软件。

即时通信工具之父“摸死你”－－MSN在2005年正式加入中国市场，却面临着与中国IM领域雄踞多年的地头蛇腾讯QQ的正面交锋。比尔·盖茨曾笑称QQ是面向低端网民，而MSN是面向高端用户。然而，几年过去了，QQ因为“得屌丝者得天下”，依然保持着绝大部分的市场份额，而用户定位为城市白领的MSN早已落败。MSN从进入中国到迅速吸引上亿用户，成为与QQ并驾齐驱的两款最大即时通信软件。但在互联网发展最为风云诡谲的10年，微软总是试图复制软件行业的“大公司赢家通吃”规则，却被互联网行业的“小公司单点突破”规律击破。

百度，中国互联网企业三巨头之一，市值近千亿美元。而曾经被认为分分钟灭百度的Google却早已黯然退出中国市场。

2004年，Google准备进入中国。有某媒体准备制作专题：“Google来了，中国的搜索引擎公司将如何生存？”

Google 是一家伟大的公司，但伟大不代表懂中国市场。一件小事说明他退出中国市场绝非人们想象的简单理由。李开复博士 2005 年加入 Google 公司任全球副总裁兼中国区总裁，但直到他 2009 年离职，都一直未招到助理。Google 要保持全球的 Google 文化，对一些重要岗位的人选都有一个“16 人评审团”，重要的机制是“一票否决制”。李开复固然是重要人选，但考虑到李的助理也会影响李的决策，于是荣升到 16 人决策。整整 4 年，推荐人选均被一票否决了，直到李开复离开了 Google，都未能招到助理。这么低的效率如何与中国互联网公司竞争呢?

在中国市场，百度之所以能成功而 Google 却不行，除了政府关系这层原因，文化差异便是一个大问题，导致产品没有实现真正的本土化。李彦宏了解中国人的搜索习惯，而 Google 却未能入乡随俗，不但忽略了中国人的习惯，并在推广其品牌、市场营销以及服务上，全面落后于百度。

■ 平台战略

在全球最大的100家公司中，有60家企业的大部分收入均来自平台商务，包括苹果、思科、Google、微软等。在互联网经济时代，通过技术建立的平台，已经是最佳的商业模式。

有这样一种商业模式，某种产品或服务，当其使用者越来越多时，每一位用户所得到的消费价值都会呈跳跃式增加。比如电话、传真机、QQ、网上社区、微博－－通过使用者之间关系网络的建立，达到价值激增的目的。

百度、阿里、腾讯三大互联网巨头围绕搜索、电商、社交三大平台，各自构筑了强大的产业生态，所以后来者如360是很难撼动的。

互联网的平台思维就是开放、共享、共赢的思维。平台模式最有可能成就产业巨头。全球最大的100家企业里，有60家企业的主要收入来自平台商业模式，包括苹果、Google等。回到10年前，这些公司要么是还没有诞生，要么还是很小型的公司，但是10年来长大成全球非常有影响力的企业，一个共同的商业模式就是平台的模式。

中国也不例外，2014年开始陆续出了好几家到美国去上市的公司，从去哪儿到58同城到阿里，到即将还要往外走的大众点评，这些都是平台的商业模式。

在一份《中国十大成功商业模式》的调查报告中，位居前列的分别是腾讯、阿里巴巴、百度、携程、苏宁……这些成功的商业模式特点各一，却又无一例外的都是平台型企业。在过去的一二十年中，它们以令人惊叹的速度横扫互联网及传统产业，形成极具统治力和强大盈利能力的商业模式。平台思维正在带来全球企业的一场战略革命。

怎么样能够快速地总结这些互联网公司？他们搭建平台，整合生态圈，达到赢家全拿的现象。

平台模式的精髓，在于打造一个多主体共赢互利的生态圈。

今天的世界已经突破单纯做产品的思维，而是在产品基础上进化为平台。

苹果手机的成果不是因为它卖手机卖得好，是因为它带出了苹果 App 商店，带出了生态圈平台。苹果公司，没有沉重的上游产业链，没有工厂，更没有渠道价格体系，只有统一定价，还有一个平台。在这个平台上，所有公司都在上面汇聚，并被有序整合。

互联网公司一贯的做法是“先圈地后种粮”－－只要平台搭建起来，人气聚拢起来，那么附加的物流、信息流等消费都不再是问题。为此，腾讯打造 QQ 和微信、阿里巴巴打造淘宝、百度打造搜索引擎，正是靠着这些平台沉淀大量的忠实客户，成为屹立不倒的巨头。通过运营商的网络直接向用户输送免费短信、免费语音等各种应用服务，这种“先圈人再圈钱”的做法不仅仅存在于通信行业。比如阿里巴巴的支付宝对银行传统业务形成巨大冲击，360 推出的免费杀毒搅乱了杀毒软件原本要收费的局面。各种横空出世的“马云”“马化腾”遍布各个领域。

IBM 与苹果这两个不同时代的王者是对平台战略的非常鲜明对照。

从 20 世纪 50 年代豪赌大型机成功之后，IBM 击退了一个又一个竞争对手，在信息产业独享丰厚利润达 20 多年。这种好日子终于在进入 80 年代之后走到了尽头。一个叫苹果的电脑公司终于把个人电脑带入了商品化消费时代，从侧翼对 IBM 的大型机业务形成了直接威胁。

IBM 很快就认识到个人电脑将成为未来信息社会的杀手级产品，利用自己的研发实力，开发出了日后成为个人电脑标准的原型机，即现在流行的 PC 机。作为个人电脑市场上的后来者，IBM 为了打败市场上已经声誉日隆的苹果电脑，不但广泛采取了产业联盟战略，把各个部件外包给英特尔和微软这样的外部合作者，而且开放标准，允许其他厂家应用自己开发的标准生产同样规格的电脑。这一战略非常奏效，苹果电脑很快就在 IBM 构建的庞大联盟的进攻下节节败退，IBM 兼容机成为了个人电脑的事实标准。但是，IBM 不但没有成为这一胜利的受益者，反而把自己彻底拖入了巨亏的泥潭。最大的个人电脑制造商的身份被康柏等新生公司取代，而体系中盈利最丰厚的操作系统和微处理器又分别被自己扶持起来的微软和英特尔所把持。进入 90 年代的头几年，IBM 的连年亏损已经高达上百亿美元，几乎陷入破产的边缘。正是信息产业的主流平台脱离了 IBM 原有的势力范围，又在新平台上痛失领导权，IBM 的厄运开始不期而至。

谈到苹果，苹果只做了两件事。它做了两个平台－－网络平台与终端平台，然后将之扁平化－－利用系统的开放性，将众多供应商与无数消费者都集中到该平台上。苹果的成功就是，它在众多的供应商与无数的消费者之间做成了一个扁平化的开放平台。该平台分成两类：一类是网络平台，就是 iTunes 与 App Store；一类是终端平台，包括 iPod、iPhone、iPad。当平台的规模大到足够的程度，平台本身和硬件设备已经为苹果赚取了支撑自己持续高速发展的利润。这时候，OSX 和 iOS 及其相关软件带来的边际收入已经不会影响整个平台的规模和发展了。从长远来看，开放这些产品给更多的用户使用，第一可以增加平台的黏性和用户的忠诚度，第二可以吸引更多的用户加入这个平台。

苹果的这种模式，类似于实体店中的超市，最为成功的就是超市沃尔玛。超市就是一个平台，众多的供应商到这里来售卖产品，无数的消费者在这里找到所需要的产品组合。超市的特点是扁平的短价值链，苹果就是信息产品中间发展得最快、最大的超市。

索尼的衰败除了对趋势的误判，很大程度也是因为缺乏平台的战略思维。“索尼不连接”（Sony Disconnect）是一个巨大的失误。针对苹果的 iTunes，索尼公司推出了自己的在线音乐商店索尼 Connect，以及配套的随身播放器和软件，但坚持采用自己拥有标准的音乐格式 ATRAC3。这种文件格式既不能被应用到索尼系以外的其他音乐播放器上，索尼系播放器也不支持 MP3，甚至连索尼的录音笔需要安装支持其格式的软件，而不是即插即用。

在很长一段时间里，凭借游戏《传奇》崛起的盛大网络一直都是中国网游的领军者。1999 年才成立，2004 年就已在美国纳斯达克上市。可是称霸游戏市场 10 余年的盛大，在 2010 年时，居然被做聊天软件的腾讯超越了，再过一年，腾讯游戏 2011 年收入 158 亿元，这数字是老二盛大（66 亿元）、老三网易（53 亿元）游戏的总和。

做聊天软件起家的腾讯，干掉了专门做游戏的盛大！腾讯为什么这么轻松就超越了盛大？因为腾讯有着盛大无法企及的用户平台。2002 年腾讯 QQ 注册用户突破 1 亿大关。2003 年，腾讯 QQ 游戏发布。2010 年，腾讯用户超过 10 亿。掌握了用户的腾讯，想做好什么几乎就能做好什么。游戏也是如此，腾讯游戏是 2008 年才发力，2010 年就超过了龙头老大盛大。

平台思维甚至用在看似不起眼的物业管理上。

2014 年 10 月 6 日，香港花样年控股集团有限公司公布，在完成旗下彩生活服务集团有限公司在香港证券交易所主板挂牌上市之后，公司全面启动从产品思维转向平台思维的轻资产转型战略，八大业务板块开始加速协同与融合。

为不断提高用户满意度和提升企业价值，公司把 2014 年作为客户服务质量提升年，在“中国最大社区服务运营商平台”上全面激活用户价值，为客户提供全生命周期多元产品与服务。

早在 2012 年，为顺应体验经济、大数据时代，花样年提出了“致力于成为有趣、有味、有料的生活空间和体验的引领者”的企业愿景，确定了从“重资产”向“轻资产”转型的战略目标：发展成为中国领先的以金融为驱动、服务为平台、开发为工具的金融控股集团。同时还规划并发展了金融服务、彩生活服务、地产开发、物业国际、文化旅游、商业管理、养生养老、教育产业（筹）等八大增值服务领域，并强调以金融和服务作为平台，通过模式创新和资源整合，形成集团旗下八大业务之间相互协调发展的有机生态圈，奠定了企业转型的基本格局。

如今，在金融板块，花样年金融围绕社区金融不断拓展，逐步开展与花样年集团各业务板块的创新性合作。旗下的线上 P2P 贷款业务与彩生活开展深度合作，旗下的融资租赁业务继续在跨境融资上进行拓展，非银行融资渠道的开拓工作也在同步进行。此外，养老产业板块也在利用花样年平台的力量，加强与其他业务板块的资源整合和合作度，与金融板块合作推出“利息养老”产品，助老年人以更优支付方式享受服务。

在另一个领域，在外人看来几乎不可能盈利的实体书店，一样有一家企业用平台的思维活得风生水起。这家书店就是台湾的诚品书店。

全世界的书店都活得很辛苦，诚品书店凭什么笑到现在?

诚品在台湾的旗舰店，有 4 万平方米的空间，一年下来的租金约为 7300 万元人民币，连大集团都很难支应。诚品老板吴清友的做法是，除了书店本身的 1 万平方米之外，其余 3 万平方米作为商场，全都租出去给其他品牌。

诚品正是运用了商业房地产“平台”的概念，利用上佳的地理位置和零售书城的口碑吸引顾客，然后引入美食街、艺术品商店、精品特色商店来吸引更多顾客。

一方面，成为平台的诚品，能更好地汇聚人气，台东就是最好的例子。好比一个新网站，势必要冲出流量，才能讨论如何建立商业模式与盈利。现在的诚品，就是人潮的同义词。在台湾，任何一个城市开发新商圈，要找来人潮的话，第一个想到的对象就是诚品。

另一方面，这种多元业态让诚品的商业价值、休闲消费功能得以凸显。可以说，诚品“书店”其实是不赚钱的，靠“商场”才获利，目前商场的营收早就超过书店，分别是六成、三成的比率。

当然，商场是一个娱乐环境，书店却是文化环境，其间的火候需要好好把握。诚品商场希望赚钱，但为了不过度娱乐化，因此不会引进 LV、GUCCI 等奢侈品品牌。诚品书店希望塑造精英文化，但现在走向商场的复合式形态经营之后，顾客走向多样性，从学者到家庭主妇都有，消费人群同步得到扩展。作为文化平台的衍生，诚品每年差不多要举办 500 场演讲与展览。

如今，平台化后的诚品书店业态涵盖商场、零售、餐饮、品酒、文化活动，内涵远超书店。

第五章　术

优术，
人主之大物，
非法则术也。

■ 用户思维

“在传统工业社会里，大工厂生产什么，我们就买什么，或者当大媒体发布什么，我们就看什么。而在互联网时代，我们都被赋予了参与生产的工具。”

——克里斯·安德森（美国《连线》杂志高级制作人、《长尾理论》作者）

“所有的生产者和消费者，已经开始融合，你可以很容易地从一个消费者和观众转变为一个生产者，从而成为整个生产体系的一部分。”

——伊藤穰一（美国麻省理工学院媒体实验室主管）

《时代》周刊，被视为印刷时代王者，始于1927年的《时代》周刊年度风云人物评选，更成为全球的重要新闻事件。2006年12月25日，在连续79年的时代风云长廊上，这一年出现了划时代的个例。在一个白色键盘和一台反光纸构成的新时代的显示屏下，隐藏着一个容易被忽略又不能被忽略的英文单词“YOU”。“你”，每一个互联网中的普通人，一个全新的“你”的时代到来。在以互联网定义的互联网新时代里，最核心的本质是以用户价值为核心。不论是B用户，还是C用户，只要找到用户的痛点就是你问题的答案。

今天的英文里，产生了一个新词，Prosumer，即生产消费者，传统生产与消费之间曾难以逾越的高墙被穿透了，新局面废黜了自工业革命以来，制造商们所传承的支配地位，逼迫他们把“大脑”交给网络。站在时代巨变的当下，你必须清楚你是干什么的，并且知道你究竟能干什么。

所有被颠覆的公司都不是被对手颠覆，而是被趋势所颠覆。大多数企业被颠覆掉，都是因为一开始没有意识到趋势，而最终主导颠覆的还是消费者的人性，消费者为什么抛弃你而选择其他？企业要规避被颠覆命运，必须真正懂得用户。

将用户体验和用户思维运用到极致的还是小米。

中国小米成为全球智能手机市场的一匹黑马。2014年底，创办仅仅三年的小米进行了新一轮融资，其估值已经比上一次翻了四倍，达到450亿美元，相当两个索尼。

BCG（波斯顿调研公司）出的报告显示，小米进入了全球最具创新力的50强。小米创新在什么地方呢？是参与感。

小米做手机源于一个朴素的想法。在雷军参与金山软件创办的时候，有机会见到诺基亚、摩托罗拉他们全球研发的老大，他将原来用诺基亚、摩托罗拉时感到的不方便的地方告诉他们，提出修改意见，他们听完以后觉得有道理，可是却永远没有改过。雷军就在想，能不能做一款手机，如果你有意见，告诉我，觉得有道理，立刻就添到手机里面。关于小米手机的畅想，迅速汇聚成拥有1.8亿帖子的专门论坛。被称为“米粉”的发烧友就高达60万人，他们既是小米的消费者，也是小米的设计者，同时还是小米市场扩张的推动者。小米手机在推出之前，1870万台的年销售规模便已经在怀。

当小米开发产品时，数十万消费者热情地出谋划策；当小米新品上线时，几分钟内，数百万消费者涌入网站参与抢购，数亿元销售额瞬间完成；当小米要推广产品时，上千万消费者兴奋地奔走相告；当小米产品售出后，几千万消费者又积极地参与到产品的口碑传播和每周更新完善之中……

小米现象的背后，是互联网时代人类信息组织结构的深层巨变，是小米公司对这一巨变的敏感觉察和精确把握。

现在小米每周能发布一版操作系统。小米通过销售大量的手机，形成了一个超7000万用户群的MIUI用户，小米可以在网上号召上百万人提意见，然后通过各种机制筛选出有价值的建议，把这些建议做到产品里。如果觉得不好可以一直改，改到你满意为止。当你来了一个陌生电话，系统会告诉你这个电话是送货员还是中介机构，是推销还是骚扰电话，或是骗子，这样你就可以选择接还是不接。如果是送货员，甚至有送货员的名言、照片。小米就是一点一滴把大家的意见汇聚在一起，最大限度地把大家的力量和智慧调动在一起做这款手机。一点点把各种功能做进去，让用户的体验远超想象。

2014年，滴滴和快的两家打车软件，在阿里和腾讯作为各自背后金主支持下，展开的补贴大战让人看得眼花缭乱。

补贴的背后则是培养用户的良苦用心。网络和手机支付行为，从无到有，从小到大，有一个逐渐成长的过程。表面上，滴滴打车属“贴钱赚吆喝”的游戏，不会长久。但其根本目的，在于通过经济的刺激和支付平台的使用，培养用户习惯，抢养用户。当其拥有了庞大的使用群体，而且用户对手机支付行为形成习惯和依赖之后，其盈利就会真正开始。比如 QQ 开通之后都是免费使用，但当其拥有了庞大的使用群体，并成为不可或缺的交流工具之后，相关的增值业务也就应势而生，比如各种充值 VIP 业务、各种特权附带功能、各种增值功能等，都需要支付一定的费用才能实现。在这种情况下，QQ 业务就具有了持续盈利的能力。微信业务同样延续着这样的模式，当其用试用和体验培养了数量庞大的用户之后，其增加的支付功能就有了极为广阔的市场。

滴滴们给传统企业的启示是：滴滴打车软件的方便性，跟微信的庞大用户群一结合，必然会产生叠加效应而迅速做大做强。可以说，这样的营销策略和发展模式，已经完全颠覆了传统的做法，给传统行业形成了强大的冲击。如果传统行业不能从中借鉴经验，在培养用户上有新的作为，迅速跟进“滴滴打车”式的成长模式，那么就可能在以腾讯、阿里巴巴等互联网巨头的冲击下，被彻底边缘和淘汰，银行、保险和服务业尤其如此。

相比传统“坐等上门”单纯地从自身利益而非用户的需要角度去进行尝试和创新，在效率和服务上都相对落后。互联网公司的最大优势在于首先站在用户的立场和需要，去设计自身的业务，然后据此培养用户的使用习惯，最后落脚于培育盈利增长点。

正如马云所言，无论传统垄断行业当前多么强大，但“打败你的不会是一纸文件，而最终决定于用户”。互联网时代，谁拥有最多的用户，谁才会成为市场的主宰者。

■ 体验消费

互联网领域正在进行着百年一遇的量级革命——你是谁已不重要，你的圈子在哪里才重要。如果企业意识不到金钱正随着消费体验的改变而转换流向，那么只能坐以待毙。

运用互联网思维与设计思维设计出有价值感、富有情感与幸福感的产品，才会创造出激动人心的消费者产品体验。

全渠道营销的今天，已经不仅仅是卖产品，卖的是顾客体验和口碑，卖的是依托消费者关系网信任营销。全渠道营销的精髓在于“全”，在于整合，这让企业的供应链从工业时代模式转向互联网模式，彻底扁平化。这种思路不是让线上与线下原有渠道发生冲突，而是和原有渠道融合，驱动供应链快速反应。

体验消费经济下，消费者更关注于自我感受与满足。对产品的需求已不仅仅是产品本身，而是一种对产品、服务及生活态度的体验。现代社会中，要使真正忠实的顾客成为企业最坚决的拥护者，企业在塑造品牌时必须创造出一种客户体验，一种稳定的、明确的、独特的并具有价值的体验。

在这一趋势下，O2O 来了。

今天，很多购物都是 O2O 模式，线上下单，线下取货。移动互联网更新了品牌和产品的流动路径。

消费者的购物体验从 10 年前的线下传统逛街购物体验转变到了以淘宝网为代表性的网购时代。今天，消费者对网购时代的 B2C、C2C 模式已经习惯并且适应了，逐渐开始不满足。传统的电商消费体验很差，消费者在家里、办公室里就可以收到快递，通过网上付款，这样就完成了一次消费交易，谈不上消费体验，淘宝上的“亲，给好评”、打折等环节并不是真正的消费体验。

互联网时代讲求产品的“三味真火”：第一是品味，在品质之上讲求它的味道；第二是趣味；第三是人情味。

产品的增长点来自潜在消费者，这些潜在消费者是80后、90后甚至00后。这就要求设计出的产品让目标人群觉得有趣，有趣的才有意义，还要有人情味并且有品味。

体验为社交添加了动力，现在的人喜欢在微信里发分享和点赞，本质就是在寻找存在感、价值感和身份感，大家都在找“我”。在社交平台的分享都是以“我”为主，可口可乐在做产品时，就放上了各种各样的名字，好像是在喝自己的饮料一样，好像在和消费者沟通一样。还有就是将一些特别热门的网络词语印在产品上，让消费者去购买。通过这样的设计使消费者产生共同的情感认同，从而达到销售的增量。

体验和营销就像人性的两面，千古不变的人性弱点和人性美德，通过新技术的结合、交叉、化解、扭曲以及变异，逐渐形成了各种不同的新概念、新事物和新模式。O2O 商业创新从来没有像今天这样复杂、艰难，当然也没有今天迷人和精彩。

可口可乐用一个昵称瓶活动火爆全季，让企业焕发青春。快乐昵称瓶战役把社交网络设为主平台，让合作媒体、意见领袖、员工和忠实粉丝放出一系列悬念图片通过微博、微信预告线下活动行程，活动现场摆放定制昵称瓶的机器，现场打印昵称瓶标签，消费者可以印上自己的名字、昵称等。线上线下完全整合，从线上导流到线下，线下拿到瓶子后再回到线上晒照片，形成一个 O2O 闭环，循环不已。

消费者在传统网购模式下往往难以获得购物所带来的“快感”，而实体商店的商品售价往往高于网络商城，O2O 的出现则满足了消费者对商品价格及购物体验双方面的需求。例如，美特斯邦威提出了以“生活体验店 + 美邦 App”的 O2O 模式，并在全国推出了六家体验店，店内提供高速 Wi – Fi 环境和咖啡，并有公用平板供用户使用，消费者可以在 App 下单后选择送货上门。优衣库则是以“门店 + 官网 + 天猫旗舰店 + 手机 App”进行多渠道布局，消费者可使用优衣库的 App 在线购物、二维码扫描、优惠券领取以及线下店铺查询。

在阿里 2014 年三八节开启的 O2O 狂欢节上，休闲娱乐及生活服务成为了这场“颠覆”游戏的重头戏。数据显示，此次被手机淘宝包下的 KTV 达到 230 家，电影院有 288 家，这些娱乐场所极端到在 3 月 8 日当天完全没有预留散客接待席位，所有资源全部放到手机淘宝上。有电商业内人士坦言，电影院和 KTV 在 3 月 8 日当天不对外营业，虽然也可能产生负面影响，但向散客解释为什么不对外营业的同时，也让他们知道了现在 O2O 的热度，让更多线下的潜在人群接触到 O2O，从而进一步改造娱乐与休闲业态。

团购作为消费者最早接触的一种 O2O 模式，已经在一定程度上改造了娱乐休闲业态。不少超大规模的电影院和 KTV，常年依靠团购生存。团购导航网站团 800 公开数据显示，去年全国团购成交额达到 358.8 亿元，同比增长 67.7%。团购规模的大幅增长背后，是手机对团购新增使用场景的增加以及团购整体客单价的提升。用户购买习惯的改变，使得团购网站在手机客户端运营上推出新的方式，团购网站可以针对不同系统的用户，分别推送其更感兴趣和针对性更强的活动和团单。在手机团购逐渐成为主要销售渠道时，手机团购将成为团购网站主要的研究方向，并成为其在发展中的核心竞争力，未来团购网站围绕手机团购的策略会越来越多。

今天，除了衣食住行，传统零售、生活服务、医疗、教育等领域均在被 O2O 渗透。吃饭用大众点评，开房用携程，叫车用滴滴打车，似乎所有的生意都和 O2O 挂上了钩。

在交通方面，拼车、打车软件的出现，也为消费者带来更多的出行选择。可以说，O2O 已借助移动互联网逐渐覆盖到人们衣食住行中的每个角落，同时也在不知不觉中改变了我们的生活习惯。

当我们深处一个陌生的环境，想要吃个饭或者开个房间休息一下，但又怕进黑店被宰，又或者找不到合适的场所，这个时候拿出手机打开大众点评查看附近的店铺，找出理想的店铺，再看看别人对这个店铺的评价。

O2O 消费体验使线上传统电商走向“线上消费线下体验”，也使线下传统零售企业走向“线下体验，线上消费”。

O2O 模式的消费体验较以往的消费体验发生了很多变化，消费者从内心到行动上都有所改变。

一、体验需求的情感化：消费者逐渐开始寻求内心的想法，情感的变化要求商家的产品、服务与消费者的心理共鸣。

二、体验内容个性化：消费者已经不再一味追求品牌、追求优质了，而是更加希望彰显自己个性的一面，你可以不是知名品牌，但是你一定要有个性，所有产品、服务个性化日趋增强。

三、体验价值的过程化：从注重产品或服务本身转移到注重接受产品或者服务的体验过程，开始注意自己的消费过程，比如亲自体验、参与到一些商家的营销环节当中。

四、体验方式的互动化：这点比起传统的电商有了很明显的改进，以往的电商互动很差，就是几句“亲，你好”“亲，给好评哦”这些听到都肉麻的交流。用户开始注意产品、服务的呈现与制造。

五、体验消费的绿色化：社会在不断发展，消费者的修养、素质也都在不断地提高，随着大环境的改善，消费者在消费的同时，开始留意绿色环保性，开始注重环境，注重生活质量。

六、体验内涵的文化性：消费者开始自觉地接近与文化相关的产品或服务，各类培训、学习开始火爆起来，以扩大自己的知识含量和文化修养。

腾百万（腾讯、百度、万达三家签约成立电商）的横空出世，对于电商界乃至整个互联网世界震动极大。王健林认为，O2O 就是在移动互联网时代，线上线下相互融合，提升消费的新商业模式。有四个关键词－－移动互联网、线上线下融合、提升消费、新商业模式，核心是要促进消费。对于三位前首富所驾驭的三个商业帝国能够组合创造或推演出怎样的商业模式，带来怎样的能量，媒体、同业竞争者乃至消费者都在翘首以盼。作为占股 70%的万达，王健林的战略考虑应是腾百万模式和路径的决定性力量。

O2O 真正的核心是消费的互动体验。

一、关键是互动。消费者要享受到线上线下互动服务，比如看电影，没有 O2O，也能看电影，到现场排队买票，看电影的本质没变，但是如果能通过手机提前定票，选场次和座位，到了现场手机验票进场，这就多了互动服务，线上线下就相互融合了。

二、重点是体验。在消费者原有消费体验的基础上如何增加新的体验，让消费者享受更多服务，让消费者参与进来，这个很重要。比如到万达广场消费，旺一点的广场停车排队几十分钟是常事，即使进了停车场，找车位也很麻烦。搞一个软件，出发前可知有无停车位，甚至可下单预订车位，一进停车场，手机导航可快速找到位置；要到某个餐厅吃饭，可以预先线上点菜，还可线上排位，排号后如果时间尚早，可以去逛逛商店，等排号快到的时候手机就发出提醒，什么都不耽误。百货零售的 O2O 也是如此，买衣服也要增加用户的体验，可否开发一套软件，人往那里一站就知道你的三围和各种尺寸，自动为你选择款式和大小，甚至可以量身定制，试衣的工作，手机上就能完成，如果满意，直接手机付款，拎包走人。我认为，O2O 并非像许多人理解的那样，重头在线上，而真正的核心是消费的互动体验。

■ 8090

60年代人的精彩还在继续，70年代人刚登场，信息技术迅速迭代，技术与变革带来的各种颠覆就将80后、90后人推上了前台。今天，如果你看不懂80后、90后，你也许就会失去整场游戏。

韩寒是谁？网友“尽是瞎扯淡”这样标注：中国一线赛车手、当代作家、业余歌手、新锐导演、监制、商人、国民岳父。

与其说韩寒是作家、赛车手，或是《后会无期》的导演，不如说韩寒是一位网络营销家。他极具个人色彩的互联网营销方式让自己的声名一再大噪，他对互联网时代的热点话题鞭辟入里，他对文字的玩弄出神入化，神话般在互联网上席卷大半个中国。

陈欧，纽交所200余年历史上最年轻的上市公司CEO。这位帅气洒脱的年轻人，27岁创立聚美优品，仅用三年时间，就完成单月销售额从10万元到6亿元的突破，晋级与天猫、京东、亚马逊等比肩的B2C电商第一阵营，牢固地占据中国美妆类电商第一站的领航地位。2014年5月16日，聚美优品正式在美国纽约证券交易所挂牌上市，市值超过35亿美元。仅用4年时间，成为纽交所200余年历史上最年轻的上市公司CEO。

他亲自出镜为公司拍摄的“我为自己代言”系列广告片引起80后、90后强烈共鸣，在互联网掀起一股“陈欧体”热潮，彰显了个人品牌，也为聚美优品树立了积极的品牌形象。作为以极具感召力地为自己代言的一位80后，陈欧以梦想和决心为赌注，响亮地喊出当下年轻一代的心声，引领了中国互联网一股励志和梦想狂潮，引人共鸣。

李想是80后网络新贵的完美代表，不仅外形帅气，而且言谈举止颇有大将之风，他创办的PCPOP是第三大中文IT专业网站，2005年营收就达到2000万元，利润1000万元。取20倍的市盈率，市场价值2亿元，而这一年，李想才24岁，创业6年。

茅侃侃是李想的朋友，1983年出生，比李想小两岁。茅侃侃在做Majoy

（真人实景数字游戏）。2008 年 11 月 9 日，Majoy 项目已经正式在北京石景山雕塑公园开张运营，项目总投资 3 亿元，茅侃侃占有 20%的股份，据此推算，他的身家已达到 6000 万元。

戴志康的经历也是一个传奇。1995 年开始学习计算机编程，2001 年凭着个人兴趣开发出 Discuz！ 1.0 软件，经过 7 年的发展，Discuz！的版本已经上升到了 6.10，成为了中国互联网社区当中不折不扣的应用程序标准。

还有互联网金融创业团队样本 - - 91 金融的三个“80 后”。这家从 2011 年开始创业的互联网金融企业从“网络金融超市”起家。从 2011 年 91 金融创立开始，到 2014 年 6 月完成 B 轮融资。2011 年 11 月，先智创科（北京）科技有限公司注册成立，这家最初定位做“基于社会化媒体的大数据用户营销体系”的公司便是 91 金融的雏形。许泽玮是这家公司的领头者，负责产品和技术，与他一同创业的小伙伴还有两人：负责市场、推广、营销的吴文雄和负责“找钱、找人”的姜志熹。2013 年 9 月 1 日，央视晚七点《新闻联播》播出了一条题为《经济新动力：中关村涌现新一轮创业潮》的短新闻。这条长度为 150 秒的视频新闻给了许泽玮 20 秒的时间。

而这正是 80 后一代人所具有的互联网精神：完全不顾忌那些别人认为是必须去做的传统，破除墨守成规，只做最正确的事。他们的年少得志也的确让我们惊愕，只不过二十五六岁的年纪，却已经掌控着上千万甚至上亿元的财富。

但还没等 80 后精彩退潮，90 后已经登场。

广州 90 后雷浪声，毕业不满一个月的 90 后大学生，其率领的团队开发的手机软件被腾讯以 6000 万人民币全资收购。凭借制作漫画头像而席卷微信朋友圈的“脸萌”创始人郭列，因卖情趣产品而名声大噪的“泡否科技”创始人马佳佳，做开发者社区的高阳，做 KTV 团购 App“一起唱”的尹桑，还有致力于用 P2P 技术构建一套简单有效的支付网络的“锐波科技”创始人兼 CEO 孙宇晨，湖南常德“伏牛堂”米粉的创始人张天一等等。“一起唱”创始人尹桑仅仅在一年之内就完成三轮融资，话梅护肤创始人吴幽在创业成功后已经开始做起了投资人。

今天，90 后已成为不可忽视的一股创业力量了。红杉中国的创始人沈南鹏不无感慨：TMT 领域早期创业项目已到了 85 后、90 后主唱的时代。90 后创业者的前途不容小窥。IDG 资本干脆宣布成立 1 亿美元规模的“IDG90S”基金，目标直指90后一代创业者。

借助互联网，自由主义和Hip hop等经济文化元素涌入中国，对中国的发展、对一代人的成长轨迹都产生了深远的影响。出生在1990年之后的一代人，在对新事物最敏感的成长阶段，开始接触互联网。作为与互联网一同成长的一代，他们表现出与前辈截然不同的气质和特征。

90后没有经历过国家动荡，但恰恰享受到了稳定、繁荣的发展带来的福利，通过互联网等手段获得了意识、见识、知识上的极大丰富。就不多说互联网是如何把信息沟通的壁垒降到最低了，但老一辈去图书馆、看报纸等收集信息的方法的效率可能还不及现在网上搜索的十分之一。而且，还没有办法与全世界的同好者交互讨论，并且进行创造。

90后互联网创业者，才情纵横，敢想敢做，思维新潮，见识开阔。他们早早地就懂得了如何把自己的兴趣，通过技术手段与商业模式，发展为一个精美的产品。他们目前还不是最优秀的创业者，但已经开始崭露头角，媒体上最近也常见创业少年的报道。他们是未来，他们是能够在中国做出令人惊叹、精美又专业的产品的人。因为他们有稳定的环境来让他们深入研究自己的爱好，有高效率的手段来获取所需的任何知识与信息，有成熟的商业体系支持他们创造与获得回报，有足够有钱有闲有趣味的人来消费他们的作品。

作为90后创业者，他们有这样一些共同点：

他们内心充满自信，富有个性与创造力。在如今的大学校园中，创业的热情激荡着大学生们的心，他们想法独特，行动力强，敢于展现自我并用独特的方式表达自我。

开放的互联网社会简化了信息获取方式，降低了创业门槛。深谙互联网、社交媒体的90后新一代，成熟期较80后更为提前，他们的思维更加大胆超前，他们不畏竞争，勇于尝试新事物。最重要的是，90后拥有“年轻”这一最大的资本。他们有时间优势，不怕输，不怕重来。

他们是新生事物的定义者。正如“脸萌”创始人郭列所说：“我们做的是年轻人的产品。”在如今这个互联网时代，逐步成长起来的90后正在用他们自己喜欢的新鲜内容来颠覆旧事物，定义新事物，创造新需求，引领新一代潮流。这些属于他们的独特魅力，也正是创业者必备的要素。

90后是没有经历过痛楚的一代。家庭经济条件不错，不会为基础的生活所担忧，创业都是为了纯粹的兴趣与创造东西的乐趣，而非老一辈的人对于“自己当老板才能赚钱”的追求；90 后不再在意基础需求的满足，他们追求的是审美与兴趣，对兴趣的自由追求与创造力是他们最大的本钱。

90 后大多数在海外名校接受过高等教育，不少都有过投行、咨询甚至 PE 等高收入高标准行业的历练。他们有极强的成熟度与沟通能力，早早地就懂得如何利用资本、集结资源、结识关键人脉等。

他们对于失败完全没有担忧－－Start up is the new banking（年轻就是最大的资本），我也还不用养老婆孩子，失败了大不了东山再起，下一次就能做得更好。

他们有良好的国际视野，至少一门外语非常流利，朋友遍世界，对于创业与商业的认识与理解源自于美国与硅谷那套成熟的创业体系。

他们拥有极强的学习能力，能够迅速地学会自己不懂的知识与技能，对于困难会 Think outside of box，知道如何搜索信息，心态完全开放，对新知识与事物完全没有成见与防御心。

不太在意中年人创业时关注的“关系”“资源”“经历”等所谓需要靠年月积累的东西，而是依赖自己的创意想法、对市场的敏锐判断、良好的审美与产品意识，以及“Hustle”（想方设法做成事情）的能力来让长辈大跌眼镜。

90 后虽然缺乏商业与社会经验，但是他们视野更广、学习能力更强，青出于蓝非常容易。

没有稳定、繁荣的环境，Jobs 就不会研究艺术与科技的结合，小扎也不会有闲心写个网站来评比妹子，更别提 Kickstarter、Fab 等网站上的各种创意非常的设计师作品。有趣、有品、有质的东西都是得有闲心与安稳来磨出来的。

■ 合纵联盟

产业是一个生态，这个生态的核心是市场化的运行机制和产业要素间的协同。这个庞大的生态体系容纳了人才流、资金量、技术流和信息流，同时，在其中形成了多要素协同、融合，最终实现价值交换的方式。

对企业而言，单打独斗时代已经过去，联盟的时代已经到来。在当今这个国际经济大循环的世界里，“孤胆英雄”的时代已经过去，单个企业的作用在下降，群体的作用在上升。

进入21世纪，单打独斗的时代已经过去，企业联盟的时代已经到来。随着经济全球化趋势增强，科技革命迅猛发展，生产社会化程度越来越高，分工越来越细，企业间协作空间也越来越宽广，企业一定要在整个产业组织链中找准自己的位置。

企业发展是由一个单一的企业，逐渐地延伸到产业链中去，企业要想发展必须跟与自己的属性相关的一些资源和要素聚集在一起。联盟可以扩大规模，实行规模化经营。在经济全球化和信息化将世界紧密连接在一起的背景下，企业孤立经营的传统格局正在被打破，企业靠单一的批量生产或规模经营已不再能获得长期利益。企业与企业、企业与顾客、企业与供应商等相关群体的相互作用和相互影响日益密切，也就是说，仅靠“单打独斗”是难成气候的，传统的你死我活、势不两立的竞争观念已经过时了，人们越来越认识到，只有通过合作进入更高层次的竞争，才能获得新的生机和活力。

中关村由于高校、科研院所及专业孵化器的大量聚集，完善的产业化配套设施及高效的空间资源配置，这个区域的产业生态协同了从技术、人才、行业交流、资金、法务、公共服务、企业营销、大企业的集成创新、开发的公共平台等多个环节和资源，这使得生态链条上的各个要素从单打独斗变成了现在相互依存，共生共荣的关系。

今天，企业的发展需要构建的是一种新型的价值链，即在价值链活跃的情况下你中有我，我中有你，可持续发展，未来的产业组织和产业服务的方式也会发生很大的变化。未来，通过产业链去搭建产业与产业、产业和大学、产业跟政府、产业与资本、产业和人才，还有产业与未来自己的聚合、跨界，甚至再次融合。这种新型的方式会加速产业大循环时代的到来。

企业战略联盟正是适应联盟时代的一个组织架构。

企业战略联盟是20世纪90年代以来国际上流行的一种新兴的战略管理思想。战略联盟改变了传统的以竞争对手消失为目标的对抗性竞争，联盟中竞争与合作并行不悖，为合作而竞争，靠合作来竞争以寻求企业竞争优势。战略联盟在增强联盟企业总体核心竞争力的同时，并不削弱每个企业的原有核心竞争力。它可以在保持双方核心竞争力相对独立的基础上，实现优势互补、资源共享，最后达到双赢的目的。

世界上最有名的联盟莫过于微软公司与英特尔公司合作形成的Wintel联盟，占据了世界电脑业的大半江山，每当微软推出功能更强的软件后，英特尔集成芯片的需求量就上升；同样，当英特尔生产出速度更快的集成芯片后，微软的软件因有了更好的载体而显得更有价值，形成双赢的局面。

20世纪80年代以来，战略联盟的数量激增，逐步成为企业快速成长方式。据统计，在世界150多家大型跨国公司中，以不同形式结成战略联盟的高达90%，在未来的10年里，全球的战略联盟每年还将以30%的速度递增，战略联盟已经成为企业重新组合资源、培育和提升市场竞争能力的重要手段。

战略联盟使昔日的扁舟摇身一变成为一艘巨轮，由于合作项目规模庞大，从而可以使其内部进行生产结构的合理调整。企业创新需要联盟。企业要发展，离不开技术创新、管理创新和市场创新。而技术创新永远是企业获得超额利润的源泉，具有划时代意义的新产品、新技术，往往能创造出新需求，打造出新市场。在技术创新上，也并非企业内部就能独立完成，大多数情况下需要企业间的相互合作，发挥各自的优势才能突破。

企业要发展就要转变观念。在竞争观念上，要从对抗性竞争转向合作性竞争。在扩张观念上要从重视积累和重组、忽视战略联盟转为重视联盟，但又不排斥积累和并购。

今天，企业之间联盟的目标已经逐步演进。在联盟的功能上，已经由低层次向高层次转变，从价格协议、行业标准、品牌营销等外围的功能，向实实在在的资源互补、研究开发、供求合作、市场进入、风险共担等演进。并在此基础上，从传统的功能型组织向新的学习型组织转变，将其与自身的核心能力融合连接。

产学研就是这样一种全新战略联盟。产学研结合即产业、学校、科研机构相互配合，发挥各自优势，形成强大的研究、开发、生产一体化的先进系统并在运行过程中体现出综合优势。

美国作为最早实现产学研合作的国家，它的工业化和现代化的成长举世瞩目，可以说恰是产学研合作的兴起带来国家的昌隆，这在今天已经是个世界现象，成功的例证触目皆是，科教兴国已成共识。尤其在美、英、德、日等发达国家，产学研一体化培植皆是经由过程政府行为加以扶持和指导，从而有效促进了这些国家的高新科技财富化历程，敦促了经济的成长。

20 世纪 50 年代，斯坦福大学工程系主任和工程学院院长，人称“硅谷之父”的特曼首先提出学术界和财富界理当结成伙伴关系，始创“硅谷模式”。依靠斯坦福大学强大的科研实力和校方对产学研合作的鼎力支持，“硅谷模式”有力地促进了地域经济成长，同时与工业界的亲密联系也促进了斯坦福大学的科研与教学。

自改革开放开始，中国产学研事业也不断推进。深圳作为改革开放先锋城市，产学研合作硕果累累，涌现了一大批把科技成果成功转化且具有国际影响力的龙头企业。深圳经济特区的成功，就是产学研合作的成功。深圳进入转型发展的今天，更需要产学研的结合。

今天，企业最缺的是资源。

想把企业做强做大，却缺少很多资源，更缺乏一套将所缺资源整合回来的思维和方法。有好项目，却缺政府资源、银行资源、资金资源、媒体资源等高端人脉资源。想把企业做得更强更大更轻松，却缺少优秀人才。你有好产品，有大市场客户强烈需要，却缺营销、品牌、渠道团队。人力资源成本增加、原材料成本增加、人民币升值、人工成本增加、价格战导致同行竞争加剧，利润空间大幅度减小。

深圳产学研合作促进会这个平台就可以更加密切企业间联系，团结互助，共同发展，更有效地实现产业集聚和资源共享。

如果你有好项目缺资金，你需要学习整合资金的策略和方法。如果你没有掌握整合资金的方法，再好的项目也是纸上谈兵，无法开展。

如果你有好项目有资金缺人才，你需要学习整合人才的策略和方法。如果你没有掌握整合人才的方法，你只能自己干，并且永远干不大。

如果你有好项目缺政府资源，你需要学习整合政府资源的策略和方法。如果你没有掌握整合政府资源的方法，你很难做强做大、基业长青。

如果你有资金有团队缺好项目，你需要学习整合项目的策略和方法。如果你整合不到好项目，你的资金很难获得高回报。

如果你有好产品缺营销，你需要学习整合营销的策略和方法。如果你整合不到好的营销，你的好产品永远变不了利润。

如果你有好产品缺渠道，你需要学习整合渠道的策略和方法。如果你整合不了好渠道，你只能自己慢慢建渠道，产品很难达到快速销售。

如果你有好产品缺代理商，你需要学习整合代理商的策略和方法。如果你整合不到好的代理商，你只能慢慢做直营。

如果你想把企业做强做大，你一定缺很多资源，你需要学习整合未来所缺资源的策略和方法。如果你不能整合资源，你就永远做不大。

如果你想把企业做强做大，你必须与人整合，你需要学习如何整合及整合后如何做到融合与契合。如果你与人整合后不能做到融合与契合，你将为此付出巨大的代价。

如果你想把企业做得轻松，你一定缺很多帮你做事的高手，你需要学习如何整合帮你做事的高手。如果你不能整合到高手，你就永远做不大，并且不能脱身。

资源整合颠覆你的思维模式，企业家需要从一个埋头创造资源的人，变成一个灵活整合资源的人。

换个思维，马上成功！

■ 颠覆者

互联网思维浪潮下，一个个颠覆者诞生，改写了我们过去所熟悉的各种游戏规则。

黄太吉、雕爷、特斯拉，这几个经典案例是如何让人尖叫的?

黄太吉：以 O2O 模式卖煎饼

估值 12 亿元，一个卖煎饼的店是如何让投资人发疯的?

煎饼是一个上不了台面的行当，然而有个人却把煎饼卖到了年收益 500 万元的流水，一家只有 13 个座位，营业面积只有十几平方米的煎饼铺估值 4000 万人民币，这就是黄太吉。

黄太吉的老板赫畅，典型的 80 后创业者。从 22 岁起他先后在百度、去哪儿、Google 担任品牌与用户体验管理工作，26 岁与英国传奇广告教父萨奇兄弟创办 4A 数字营销公司，28 岁创建数字创意公司 DIF。黄太吉是他的第三次创业。

选择煎饼为自己创业的切入点，是因为煎饼既能保证快餐的效率，又能还原现吃现做的工艺，且便于携带，是个不错的切入点。

微博、微信、大众点评 LBS，每一样都是互联网思维的新玩法。赫畅把这些工具用到极致。黄太吉的微博上，美食粉丝们在上面进行频繁互动。黄太吉时不时抛出一些带有附着力的话题来，引发大家的讨论和围观，例如煎饼店开进 CBD、老板开奔驰送煎饼、美女老板娘送餐、煎饼相对论公开课等，这已成为很多粉丝们津津乐道的话题。

和一般小店不同，在一个只有 13 个座位的煎饼铺里，还提供无线上网服务，赫畅为顾客建立一个“分享”的环境和氛围，让大家在用餐时就把自己的“用餐经验”快速分享出去，传递给自己的朋友。

从开业至今黄太吉共收到约 7 万多条微博评论，老板赫畅对每一条微博的评论都会在第一时间逐一回复，这么做不仅仅是互动，更重要的是用心和顾客沟通，迅速、及时地回复更是诚意的一种体现。

从 2012 年中旬开业至今，黄太吉不仅得到了众多食客们的拥趸，更吸引了很多投资人的注意，目前主动找上门来的风投包括经纬创投、创业工场等国内众多知名风投，每天打电话来寻求加盟的人更是前仆后继。

雕爷牛腩

雕爷是另一个奇迹。作为一个毫无餐饮行业经验的外行，雕爷牛腩开业仅两个月就实现了所在商场餐厅单位平效第一名。而且，仅凭两家店，雕爷牛腩就已获投资 6000 万元，风投给出的估值高达 4 亿元。

雕爷牛腩的成功一样来源于其颠覆性的创新。我们看雕爷有什么颠覆性的举措：

1. 首先是特定定位：雕爷牛腩的目标客群是那些月收入较高，但又没高到可以每周去五星级酒店或米其林星级餐厅的优质白领。这些人，早就解决了温饱问题，肯为“赏心悦目”付费。解决了目标人群，剩下的问题就是如何以产品令他们“尖叫”了。这时，雕爷牛腩的四位顶级大厨就发挥威力了。比如“生如夏花”这道甜品，就是一位大厨几年前，和他的老外同事一块发明的，目前全中国会做这道甜品的也不超过 5 个人。最终，雕爷牛腩依靠美轮美奂的菜品外形，赢得巨大声誉，每天都有顾客从千里之外慕名而来，更有 N 多死忠粉，每个月两次三次仿佛报道般定期前来，而雕爷也承诺“菜品每月一小换，每季度一大换”。这些顾客把吃雕爷牛腩当成一次“美食探险”。

2. 只有 12 道菜品：传统中餐厅有一二百道菜。当菜品高达上百道时，任何后厨都不可能快速出品，因为你配菜都配不过来，而且通常是手忙脚乱。99%以上的中餐厅，经常热菜上了 N 道，凉菜还没上，或者主食比主菜都先上桌，也时常发生。雕爷反其道而行，只提供很少选择，但每一道都是精品，辅以每月换菜单，不愁顾客吃得厌倦。

3. 以中央厨房解决标准化、快速化：这个好处除了菜品一致，还有大量半成品送到现场厨房，除了主菜、热菜必须现场制作，保证味道最佳，沙拉和甜品其实就是现场厨房摆盘即可，极大减轻了现场厨房的出品时间。所以，不少顾客非常惊讶，那么精美的、仿佛艺术品的冒着烟儿的菜品，咋这么快就做出来了呢？如果你仔细观察，大部分餐厅里，顾客的用餐时间中有相当部分是“在等待上菜”，而雕爷牛腩的食客，一直都在“吃”，而没在等。甚至为了一直让顾客吃，客人们一入座，就赠送四五道美味开胃小菜。

4. 不接待 12 岁以下儿童，克制售卖酒水：这是为了翻台率，每张桌子每晚最好三次翻台。这个规定的背后，是针对核心用户－－2－4 人的逛商场人群，这些人吃完还要接着逛，所以通常不恋战餐厅坐下去就不走。只售卖死贵死贵的比利时顶级修道院啤酒以及《教父》导演科波拉在纳帕谷酿造的红酒－－只卖单杯，整瓶不卖。

5. 法餐的“分餐制”上菜方法：你吃完一道，再上一道。每道菜，顾客都能吃到最鲜美的初始瞬间。对餐厅的好处是：下一道菜上来时，上一道就撤了，吃完甜品，你也就该走了。不会类似中餐那样，吃到最后，凉菜、热菜、热汤、主食、水果、甜品摆满整个桌子，味道也是乱的，且毫无用餐效率可言。

6. 黄金店面面积 300 平米上下：这个面积，不大不小，优点首先是能保证用餐节奏，太大的时候，前厅和后厨完全没办法有效沟通，一定会造成胡乱上菜的混乱后果。而且过大之后，晚上七点能坐满－－因为这个时间刚好是大部分人都要用餐－－但是九点钟时，来用餐的人就很少了，300 平米这种较小面积，就算很晚，就算人少，仍然有机会再翻一次台。

特斯拉的商业模式

“它很酷、很炫，强调环保”，“很多传统汽车经销商很怕它，因为它完全颠覆了汽车销售模式，”通用汽车首席执行官艾克森说：“我们要注意它，历史的垃圾箱里总是充满忽视了颠覆者的魂灵。”

从技术角度看，特斯拉具有颠覆性的技术，比如，设计出巨大的汽车空间。对比一下传统的宝马车，整个车身里面占非常大空间的是发动机，传动系统、变速箱、冷却系统把车的前端塞得很满。而特斯拉没有发动机，也没有传统的传动设备。特斯拉的电池都安装在汽车底部高密度铝合金的支架内；后面两个轮子之间是马达，马达尺寸基本不超过一个西瓜大小。这样独特的设计，使得特斯拉有巨大的空间，有前后两个后备厢。

相比产品构造，特斯拉的特别之处更多的是颠覆性的商业模式。特斯拉在商业模式方面有很多颠覆点：第一，硅谷基因，用硅谷的思维打造一个硅谷的团队来造汽车；第二，追求极致的用户体验；第三，颠覆传统的营销模式。

在特斯拉团队里面，最重要的成员就是创始人马斯克。他创办了贝宝并卖给了 eBay，在美国硅谷互联网领域一举扬名；他也是电影《钢铁侠》中亿万富翁天才发明家托尼·斯塔克的原型。特斯拉的高管之一布莱克负责用户体验设计，原先是苹果的高管，所以他为特斯拉嫁接了很多电子行业特别是智能移动设备方面的技术。特斯拉的首席技术官来自航空航天业，他把航天航空业的技术嫁接到特斯拉汽车制造过程中。

在追求极致用户体验方面，特斯拉强调技术、酷与时尚、环保。特斯拉认为自己是一款高端跑车，要让用户在使用过程中不会感到任何性能上的损失，要包含很多新技术和很炫的亮点。比如，在特斯拉 Model S 型号车内，控制中心是一个 17 寸的触控屏幕，构成它和互联网对接的主要通道。通过这个触控屏幕，便可以调节车辆行驶模式、车辆参数、底盘高低、灯光、开关天窗等等。触屏背后的系统还能够联网进行自动更新和免费升级。此外，通过智能手机上的 App，可以远程掌握车的位置、观察充电状态、提前打开车上的空调等。我们可以认为，特斯拉在汽车行业开创了一个新的纪元，一个从功能车时代到智能车时代的飞跃。

特斯拉首席设计师 Franzvon Holzhausen 认为触摸屏的融合就像苹果的 iPhone 时刻，将推动整个汽车行业向新的智能化思维方式演进。特斯拉给用户提供 8 年免费电池维护和更换，针对用户对于充电方面不方便的顾虑，它计划在全美搭建太阳能板充电网点。当特斯拉充电网建好后，你可以从南开到北，从东开到西，终身免费使用这个充电网。针对有些用户认为电池更换不方便的顾虑，特斯拉推出了一项 90 秒钟之内更换整个底部电池的技术，还不到给汽车加满汽油所需时间的一半。

在营销模式方面，特斯拉更加颠覆传统。传统汽车营销渠道是通过 4S 店或者经销商。在美国，4S 店或经销商大都建在郊外，空间比较大，里面塞满了车，你走到店里之后，销售人员会走上来向你狂热地推销汽车。很多人这时就会担心讨价还价的问题，会担心销售人员不够诚实，担心上当受骗。而特斯拉完全绕过这种模式。特斯拉的渠道包括两个部分：体验店与网络直销。像去苹果的概念店一样，你可以到一个特斯拉的体验店去看看、摸摸。在体验店里，销售人员不会向你推销产品，只是让你更好地体验。如果你想要，你可以在网上预约试驾，如果最终看中车子，也可以在网上下订单，厂家会直接送车上门。特斯拉的体验店通常在高端的购物中心内，内部环境非常舒适。

而在售后服务方面，一般的小毛病可以通过云服务的方式解决：通过特斯拉的控制屏，车主可以为车子进行自诊断。如果车子有比较大的问题，就去实体服务中心。

在品牌传播方式上，特斯拉也很特别。特斯拉创始人马斯克比较高调，经常出镜，谈他的过去和特斯拉的未来，都是用讲故事的方式。这点和小米有很多相似之处，小米创始人雷军也很会讲故事。还有就是利用互联网口碑来形成对产品的推动，尤其是早期使用者在社交网络上的分享。硅谷英雄人物、好莱坞明星都是特斯拉的第一批试用者，这批人给特斯拉带来巨大影响力，在社交媒体上引发很多讨论。在传统媒体上，特斯拉的营销投入几乎是零：它不做任何电视上的广告，也不做任何平面媒体的广告。

特斯拉的购买模式也颠覆传统。要买特斯拉，先要预订，甚至预订后过几年才能收到货。这个预订模式和传统购买模式相反：预订模式是先支付定金或者全款，再安排生产。过去 3 年间，特斯拉接受了 2 万辆车的预订，预订金达 10 亿美元。这笔现金为特斯拉的研发提供了有力的支撑。马斯克在接受采访时说，特斯拉独特的现金流模式，足以支撑接下来一两个车型的研发。

很多传统汽车经销商很怕特斯拉。在美国，传统汽车经销商正与特斯拉展开激烈的交战：在很多州它们对特斯拉都提出了诉讼，并用政治手段阻止特斯拉的销售。前段时间，特斯拉被禁止在德克萨斯州销售。但特斯拉的竞争对手要比传统经销商们有“远见”多了。通用汽车首席执行官艾克森说，我们要注意特斯拉带来的颠覆，因为“历史的垃圾箱里总是充满了忽视颠覆者的魂灵”。

■ 创新颠覆，你准备好了吗？

美国《连线》杂志高级制作人，《长尾理论》作者克里斯·安德森说：“如果第一场技术革命花了三百年，第二场技术革命花了大概一百年，第三场技术革命或许要花50年，这是思考这个问题的正确方法，这不是技术创新的速度，这是社会适应的速度，社会变革要比技术变革缓慢得多，有时甚至一两代人的时间，才能真正弄清技术革命带来了什么。”

对于企业家来说，趋势就像一匹马，如果在马后面追，你永远都追不上；你只有骑在马上面，才能和马一样快。

过去，我们见过无数这样巨人倒下的故事：

柯达，曾经的世界500强，影像领域巨头，在1991年的时候，他的技术领先世界同行10年，但是2012年1月破产了；

当索尼等一干日本企业还沉浸在数码领先的喜悦中时，突然发现，已经被世界抛弃；

做电脑的苹果把手机世界老大的诺基亚干掉了，做软件的微软把诺基亚收购了；

当摩托罗拉还沉醉在V8088的时候，不知道诺基亚已迎头赶上；

当诺基亚还注重低端机市场时，乔布斯的苹果已经潜入；

当中国移动还在沾沾自喜为中国最大的通信商时，浑然不觉微信客户已突破7亿；

当中国银行业赚得盆满钵满高歌猛进时，阿里巴巴已经推出蚂蚁金服、网络虚拟信用卡等；

当很多人还在想租个门面做点儿小生意时，光棍节一天中国互联网上创造天价成交额；

360的出台，直接把杀毒变成免费的，淘汰了金山毒霸等一干靠杀毒吃饭的企业；

淘宝电子商务一年一万亿元销量，逼得苏宁、国美这些传统零售巨头不得不转型，逼得李宁服装关掉了全国 1800 多家专卖店；

马云“余额宝”的出台，18 天狂收 57 亿元资金存款，开始抢夺传统银行业的饭碗……

失意者因为忽视趋势，颠覆者因创新而生。每一次新的机遇的到来，都会造就一批富翁！当别人不明白的时候，他明白他在做什么；当别人不理解的时候，他理解他在做什么；当别人明白了，他富有了；当别人理解了，他成功了。任何一次机遇的到来，都必将经历四个阶段：“看不见”“看不起“ “看不懂”“来不及”。任何一次财富的缔造必将经历一个过程：“先知先觉经营者、后知后觉跟随者、不知不觉消费者！”

思路决定出路！

环境在变，趋势在变；处在全球信息技术革命的大背景下，传统的思维模式、知识结构、商业规则，都在新技术、新思维、新势力的冲击下土崩瓦解。

只有改变，才是唯一的出路！

因为这个世界上，只有改变，才是永恒不变的！

人，最难改变的，通常都是自己。在固有的生活方式、思维模式、内外部环境下，人，是害怕改变的。尤其是一些企业家，很多人都是成功人士，都有自己独特的道行，才能在激烈的社会竞争中生存下来，并且积累可观的财富、较高的社会地位和声望。

这个机会的窗口期不会太长，过了这个窗口期，无数跟不上的传统企业家们很可能将永远地、彻底地沉沦！传统企业家们要利用自己积累的商业资源、人脉、财富等，借助移动互联网的思维和手段、工具实现转型升级，甚至跨越式的发展。

今天，我们所面对的创新不是结束，而是开始，甚至只是开始的开始！

如果，错过的已经错过了！

变革！马上变革！

现在！重新出发！

尾声

■ 你好，新文明时代

工业化200年的进步，超越了古代的2000年；计算机科技20年的进步，超越了工业化的200年。不难预料，未来由互联网科技引发的爆炸式的生产方式颠覆般的转型，将引领人类社会生活方式和治理制度的颠覆，人类又将进入一个更文明、更科学、更进步的时代。

看过美剧《生活大爆炸》的朋友，对他的片头一定不会陌生。短短的十几秒时间，闪过上百张图片，勾勒出宇宙进化与人类文明的发展历程。

人类文明的进化是一个漫长的历程，盗火者普罗米修斯，将人类社会从蛮荒引向文明，1万年前经历了农业革命，17世纪末开始工业革命，华尔街崛起后引发商业革命。

1万年前，青铜器、铁器、文字、造纸、印刷术等技术的出现，人类由原始文明进入农业文明。蒸汽机的发明标志着人类从农业文明进入工业文明，工业文明是人类运用科学技术的武器，以控制和改造自然取得空前胜利的时代，从蒸汽机到化工产品，从电动机到原子核反应堆，每一次科学技术革命都建立了人化自然的新丰碑。在工业文明的发源地英国，费朗西斯·培根宣告："知识就是力量"，人类只须凭借知识和理性就足以征服自然，成为自然的主人。新航路的开辟、世界市场开始形成、文艺复兴、宗教改革、启蒙运动，自由、民主、平等、法治等人文精神由此发展。

18世纪的西方工业浪潮，引发颠覆了中世纪压抑人性的社会制度，开创了现代文明的启蒙。今天，来到我们面前的互联网时代，是人类发展的大趋势。科技在倒逼我们，马克思说过，"资本主义一百年间将生产力空前提高，比有史以来几千年生产的总和还多"。工业化200年的进步，超越了古代的2000年；计算机科技20年的进步，超越了工业化的200年。不难预料，未来由互联网科技引发的爆炸式的生产方式颠覆般的转型，将引领人类社会生活方式和治理制度的颠覆，人类又将进入一个更文明、更科学、更进步的时代。

大科技革命使人类文明发展呈现阶段性特征，以计算机、信息技术、互联网等为标志的第三次浪潮－－信息革命横扫全球，整个人类社会，进入全新的互联网文明时代，进入互联网文明的大航海时代。今天，信息革命产生的巨大生产力远远超越了工业革命信息化浪潮冲垮了传统的堤坝，信息化革命革掉了传统行业和传统思维的性命。

在今天的“信息时代”，崭新文明羽化而出。一种新的文体、一场新的文化浪潮正在全球范围诞生、形成、传递、逐渐走向成熟。传统的工业思维正受到挑战，过去我们所熟悉的很多经济规律和价值创造的规则正在被重新改写。它所引起的前所未有的革命性变化，足以令人凝神关注并思考如何在此基础上建立我们新的生活文化和信息文明乃至更多。

2014 年底在浙江乌镇举行的首届世界互联网大会上，国家主席习近平专门为大会发来贺词。习近平在贺词中说，当今时代，以信息技术为核心的新一轮科技革命正在孕育兴起，互联网日益成为创新驱动发展的先导力量，深刻改变着人们的生产生活，有力推动着社会发展。互联网真正让世界变成了地球村，让国际社会越来越成为你中有我、我中有你的命运共同体。

100 多年前，李鸿章面对来自海洋的、西方商业文明的坚船利炮，发出振聋发聩的呐喊，称当时所面临的是“三千年未有之大变局”。今天，全世界每个最广阔的心灵，正通过互联网结成有史以来最广阔的连接，这是一个伟大的事实。

互联网诞生以来，从小到大，从小众到大众，从高富帅到屌丝，门户网站、论坛、QQ、博客、微博、微信、电子商务、电子政务、物联网、云计算、大数据，琳琅满目，让人应接不暇，全方位地渗透着、改变着我们的生活和生活方式。这是一种不可逆转的潮流。

这个时代，传统产业在融合中接受颠覆和变革，诸多可预见的机遇由此而生，趋势，势不可挡。风起云涌的时代，更多需要的是拥有洞察眼光的先行者。“用户思维”　“极简、迭代思维”互联网与传统行业结合后创造出无限增量机会，特斯拉、乐视和小米利用互联网思维改变传统产业。通过互联网思维的改造，很多传统行业会呈现出颠覆式的变革，传统行业的经营模式、盈利模式、营销销售模式和研发模式都将产生深刻的升级和改造，而通过此类改造，创造出了一个崭新的业态或者新领域。

爆发的互联网力量足以摧毁旧文明，加快文明的迭代速度。以互联网高渗透而形成的信息文明时代的到来，会摧毁很多传统行业，抛开政府政策管制而建立起来的保护伞，最容易变成虚拟化信息的产品或服务最容易最先被颠覆掉，比如平面图文、音像、影碟、金融结算、文化产品、教育、医疗等等。

因互联网时代而生的互联网思维，正开启新商业文明时代。

过去 20 年，互联网主要改变的是人们的消费行为和消费环境，可以称之为消费互联网的时代；未来 20 年，则到了产业互联网的时代，每个行业都要被这样一种互联网所改变，这种改变会超过工业革命带给我们的改变。

早在 2010 年阿里集团 10 周年的庆典上，马云就以“新商业文明的力量”为题发表演讲，称阿里巴巴集团的使命就是去打造新的商业文明。马云发出号召：21 世纪的今天，新商业文明正在快速浮现。云计算和泛在网正在成为信息时代的商业基础设施；按需驱动的大规模定制，正在成为普遍化的现实；企业与社会的关系越来越契合，企业与消费者的关系更趋平衡；商业生态系统逐步成为主流形态；越来越多社会成员的工作、生活、消费与学习走向一体化；自发性、内生性、协调性正在成为网络世界治理的主要特征。开放、透明、分享、责任是新商业文明的基本理念。

我们见证了人类发展史上最壮观的变迁，所有消费者，所有产业，都迁移到互联网或移动互联网的数字星球上。人们已经习惯每天通过智能手机或平板电脑与这个世界连接，在移动设备上看微博，Twitter 了解天下大事，微信、Facebook 了解朋友动态。

互联网时代改变着世界的节奏，我们在农业文明骄傲着，在工业文明沮丧着，在互联网时代同步着，在这个古老国度 5000 年历史中，我们少有站在与这个时代共鸣的层面。今天，我们有幸生活并参于在这个巨变的时代里。除了庆幸，更应该把握。未来，属于顿悟者和觉醒者，打开未来的钥匙，就掌握在我们每个企业家的脑袋里。